SUZANNE FOTSO

jardindebienetre@gmail.com

Youtube: JARDIN DU BIEN
ETRE

Instagram: jardindubienetreofficiel

facebook: jardin du bien etre

T: +90 537 386 83 51

ISBN: 9781790842889

TABLE DES MATIERES

1   INTRODUCTION

La majorité des hommes rêves d'avoir un pénis d'une certaine

taille et d'une virilité extreme ils sont prêts à tout pour ça y compris des méthodes donc ils ignorent totalement de graves effets secondaires mais alors je me demande pourquoi envisager des solutions aussi extrêmes lorsque vous savez qu'il existe des solutions naturelles.

Or vous savez que grace à la médecine parallèle au soin traditionnelle et 100% naturelle vous pouvez definitivemnt regler ces sourcis.

Vous aurez besoin simplement de quelques ingrédients que vous pouvez soit trouver dans le commerce soit avoir ça sur internet où soit me contacter directement pour que je vous les fournisse.

Bien que chaque individu possède sa morphologie propre à lui, cest à dire sa taille son poids la taille de son sexe et bien d'autre encore.

De même comme il est possible pour un sportif de renforcer son physique, de le modifier et de le modérer à sa préférence il sera également possible pour vous avec cet ouvrage en plus d'accroître votre virilité il sera aussi possible d'allonger et d'agrandir votre penis.

En plus d'une technique simple et très facile vous aurez également la chance d'avoir une combinaison interne et externe au 100% naturel avec des résultats 100% garantis qui vous sera presenter en détails et qui vont en plus de faire tout ce qui vient d'être cité plus haut, cette combinaison va également vous donner une santé de fer et vous donner certainement solution à presque tous vos problèmes de santé donc vous aviez peut-etre souffert depuis longtemps.

2 <u>SOIN INTERNE</u>

Avant tout, ne soyez surtout pas dupé par la taille pénienne

des Stars du X que vous voyez sur certains sites. Sachez que

ces stars sont choisis en fonction de la taille de "leurs engins"

et que certains utilisent une formule naturelle par exemple

comme ceux que vous allez decouvrir dans cette ouvrage pour

arriver à agrandir leur pénis et dépasser la taille moyenne.

Tout part de l'interieur que se soit pour celui qui manque de

taille et de longueur et se sent certainement petit et faible ou

pour celui qui a belle et bien une tres bonne longueur et une

belle grosseur mais qui manque de puissance, d'endurance ou

de resistance voici par ou nous allons commencer

1   2

L'etat de vos vaisceaux sanguins   peuvent etre soit a létat 1

ou peux etre a l'état 2 et si cest le premier cas il doit etre bourer de tas de toxine et de graisse comme vous pouvez bien le constater et c'est ce qui justifie l'etat dans la quelle vous vous trouvez.

Quand bien meme ils est question d'agrandir votre penis avec des ingredients naturels, avant d'évoluer dans les autre aspects, tout part d'ici   c'est la raison pour la quelle il est d'abord primordiale en toutes chose de savoir l'anatomie du penis.

3   CHAPITRE 1 L'ANATOMIE INTERNE DU PENIS

Bien que vous allez decouvrir au travers de cette ouvrage comment regarnier confiance en vous par une santé sexuelle épanouie, il est toujours preferable avant de passer au vive du sujet de savoir de quoi le penis est constituer analysons brièvement l'anatomie du pénis pour que vous comprenez le mécanisme de fonctionnement de l'agrandissement et de vos érections.

Le pénis comprend trois tubes, deux de chaque côté, et un en-dessous qui contient l'urètre et qui est rattaché au gland, autrement dit au sommet du pénis (vous pouvez facilement trouver des illustrations dans des livres sur l'anatomie humaine). Ces tubes se remplissent de sang et se dilatent lors de l'érection. L'importance de la dilatation diffère d'une personne à l'autre. Chez la plupart des hommes, le pénis augmente de taille lors de l'érection.

Les deux tubes situés sur le côtés sont attachés aux ligaments suspenseurs, qui sont à leur tour attachés à l'os du pubis. Si vous sentez il s'agit probablement du point d'attache des ligaments.

Le long de la veine dorsale, au sommet du pénis, se trouvent les nerfs dorsaux. Le problème avec certaines techniques que d'étirement est qu'elles exercent toutes la pression sur cette zone très irriguée et innervée, augmentant ainsi les risques de conséquences négatives sur les veines ou les nerfs.

Deux corps caverneux dont la forme est cylindrique et se rétrécissent vers les extrémités.

Un corps spongieux qui a la forme d'un cylindre renflé et se connecte au gland du pénis.

Vous ne pouvez pas estimer la capacité d'agrandissement de votre pénis si vous ne comprenez pas comment ces corps fonctionnent en passant d'un stade de repos à un stade d'érection. En effet lorsque vous vous engagez dans une érection, votre pénis se remplit de sang, remplissant ces trois chambres. Plus l'afflux sanguin est important, plus grand devient votre pénis, mais cet agrandissement a une limite, car la longueur de votre pénis et sa largeur sera déterminée par la taille de ces chambres qui atteignent leur maximum durant l'érection.

Par conséquent si on veut agrandir le pénis au 100% naturel sans aucun risque on doit agir sur ces chambres pour accroître la masse pénienne et favoriser un plus grand flux de sang au niveau du pénis ce qui entraînera forcément un agrandissement de la forme à l'état de flaccidité et d'érection!

Le vagin de la femme est plus réactif au frottements de votre pénis à ses parois, plus le frottement est important, plus l'excitation est grande. De ce fait la largeur du pénis devient un facteur clé dans vos rapports et parler d'agrandissement du pénis revient à mettre le point sur l'agrandissement de la circonférence comme élément important qui procurera à votre partenaire plus de satisfaction et facilitera ses orgasmes.

Maintenant, d'un point de vue anatomique, il ne serait pas raisonnable d'agrandir la circonférence et garder la même longueur, pour des raisons esthétiques et visuelles, il est très judicieux de rester cohérent et de faire avancer les 2 en parallèle.

Désormais, vous le savez, la largeur de votre pénis importe plus pour votre partenaire!

Une autre astuce qui nous semble importante de signaler aussi, et qui est en rapport direct avec vos expériences sexuelles, est bien votre capacité de maintenir une bonne érection le long de votre rapport! Ainsi, il ne faut pas penser uniquement "Grandeur" car un grand pénis mou ne donnera ni satisfaction à vous ni à votre partenaire!

Donc déjà, si vous cherchez une solution pour agrandir votre pénis, pensez à vos attentes et à celles de votre partenaire, et attaquez ces 2 aspects en même temps: Agrandissement et Érections!

En tenant compte egalement du fait que cette combinason naturelle sera aussi la bienvenue a vos problemes de panne sexuel laissons un apercu pour ceux qui son concerné.

4 CHAPITRE 2

PANNE SEXUELLE ET L'EJACULATION PRECOSE

4.1 PANNE SEXUELLE

La définition officielle de cette complication sexuelle est l'absence totale ou partielle d'une érection ayant pour conséquence la difficulté ou l'impossibilité pour l'homme d'insérer son pénis au sein de sa ou son partenaire.

La panne sexuelle peut être élémentaire, c'est dire que l'homme n'a jamais pu pénétrer qui que ce soit, ou secondaire c'est à dire que l'homme a eu par le passé une vie sexuelle normale et épanouie.

Des évènements peuvent entrainer des troubles de l'érection secondaire. Quand on parle d'érection insuffisante, il peut s'agir d'un pénis qui manque de dureté, mais il peut aussi s'agir d'un homme qui a une érection normale pendant les préliminaires et qui débande au moment de passer à l'acte.

Pour qu'il y ait confirmation d'un problème érectile, celui-ci doit survenir pendant 3 mois consécutifs (minimum). Cela signifie qu'une panne après une soirée trop arrosée ou une semaine chargée physiquement n'implique aucune pathologie: vous n'avez pas de problème, vous êtes seulement fatigué, et un bon coup de boost peut vous aider à surmonter cette fatigue passagère.

On peut parler de trouble de l'érection quand il y a un caractère répétitif et durable. Il n'y a aucune honte à avoir, la combinaison naturelle que vous allez decouvrir dans cette ouvrage ne peuvent que vous aider à surmonter cette épreuve.

Pour les hommes, l'érection est une fierté. Autant chez la femme présentant un trouble du plaisir il est facilement aisé de cacher ou de simuler chez la femme, chez l'homme il est impossible de cacher une telle panne.

4.2 L'EJACULATION PRECOSE

4O à 60% des hommes souffrent d'éjaculation précoce: l'éjaculation précoce est considérée comme le trouble sexuel le plus fréquent. Or, moins d'un homme sur dix consulte pour un problème d'éjaculation précoce. L'éjaculation précoce est pourtant un trouble bien connu des sexologues. En associant selon les besoins sexothérapie, psychothérapie, exercices corporels et/ou soutien aux produits naturels, la prise en charge multidisciplinaire de l'éjaculation précoce donne en général de très bons résultats.

4.2.1 Qu'est-ce que l'éjaculation précoce?

Une définition variable La définition de l'éjaculation précoce varie selon les personnes... et les époques. Rappelons que dans les années 50, la durée «normale» d'un rapport sexuel n'excédait pas deux minutes! Aujourd'hui les couples ont d'autres attentes, notamment parce que le plaisir de la femme est désormais pris en compte. Les sexologues estiment ainsi que le temps de coït intravaginal devrait être d'au moins trois à sept minutes. Idéalement, il devrait se situer entre 7 et 13 minutes. Récemment, l'ISSM (The International Society for Sexual Medicine), a défini l'éjaculation précoce comme un dysfonctionement sexuel caractérisé par une éjaculation qui a toujours – ou presque toujours – lieu moins d'une minute après la pénétration vaginale, l'incapacité de retarder l'éjaculation lors de toutes – ou presque toutes – les pénétrations vaginales et qui a des conséquences négatives sur le plan personnel, comme de l'angoisse, de l'ennui, de la frustration ou un évitement des relations sexuelles.

Mais l'éjaculation précoce n'est pas qu'une question de timing! Les sexologues s'accordent aujourd'hui à dire qu'une éjaculation précoce est une éjaculation qui survient avant le moment désiré. On parlera alors plus précisément d'éjaculation prématurée. Les hommes qui en souffrent ne parviennent pas à moduler leur excitation au cours du rapport sexuel et atteignent très rapidement leur «point d'irréversibilité», à partir duquel ils ne peuvent plus retenir leur éjaculation.

4.2.2 Quelles sont les causes de l'éjaculation précoce?

4.2.2.1 L'éjaculation précoce primaire

Les problèmes d'éjaculation précoce sont souvent présents dès le début de la vie sexuelle. C'est ce qu'on appelle l'éjaculation précoce primaire. Et pour cause: retenir son éjaculation n'est pas si «naturel». L'éjaculation est un processus réflexe déclenché lorsque l'excitation devient suffisamment intense... un peu comme lorsque votre jambe se lève lorsque le marteau touche votre genou! L'homme qui désire prolonger la durée du rapport sexuel doit donc maintenir son excitation à un palier inférieur au niveau déclenchant le réflexe éjaculatoire.

Dans de rares cas, l'éjaculation précoce pourrait aussi être liée à certains facteurs génétiques. Certaines caractéristiques physiologiques comme un frein du pénis trop court peuvent également favoriser l'éjaculation précoce. Cette bande de peau reliée au prépuce permet à celui-ci de recouvrir en partie le gland. Lors des rapports sexuels, le gland n'est donc pas constamment exposé au frottement, ce qui permet de moduler l'excitation sexuelle. Cette modulation n'est pas possible en cas de frein trop court. Le frein peut être allongé.

4.2.2.2 L'éjaculation précoce secondaire

Il arrive parfois que l'éjaculation précoce se développe plus tard dans la vie sexuelle. Les causes psychologiques sont les plus fréquentes: problèmes dans le couple, changements de partenaires... L'éjaculation précoce peut également être identifiée lorsqu'une dysfonction érectile apparaît.

4.2.2.3 Éjaculation précoce et dysfonction érectile: quel lien? Deux troubles distincts

L'éjaculation précoce peut être ou non associée à un trouble de la fonction érectile, c'est-à-dire un problème d'érection. Certains hommes souffrent d'éjaculation précoce mais ont des érections satisfaisantes. D'autres peuvent en revanche connaître des érections plus faibles et/ou difficiles à maintenir. En effet, à force de vouloir «se retenir», les hommes souffrant d'éjaculation précoce développent souvent des stratégies pour faire retomber l'excitation (penser à autre chose, arrêter ses mouvements...). Hélas, ces stratégies fonctionnent parfois «trop bien»!

Des interactions subtiles

Par ailleurs, le stress provoqué par la peur d'éjaculer trop tôt peut également entraîner des troubles de l'érection. Il arrive aussi que le problème principal soit un trouble érectile: en cherchant à renforcer l'érection, l'homme contracte alors inconsciemment son muscle pubo-coccygien. Celui-ci fait alors office de garrot, maintenant donc l'érection mais entraînant aussi une éjaculation prématurée. Les études montrent que 50% des hommes atteints de dysfonction érectile souffrent également d'éjaculation précoce.

Comment savoir si on souffre d'éjaculation précoce?

Le test PEDT

Le test PEDT (Premature Ejaculation Diagnostic Tool) est

aujourd'hui fréquemment utilisé afin d'identifier un problème

d'éjaculation précoce. Ce questionnaire se base sur cinq

questions principales:

Dans quelle mesure est-il difficile pour vous de
retarder l'éjaculation?

Éjaculez-vous avant de le vouloir?

Éjaculez-vous après une faible stimulation?

Le fait d'éjaculer avant de le vouloir vous frustre-t-il?

Dans quelle mesure craignez-vous que la rapidité de
votre éjaculation ne permette pas de satisfaire votre
conjoint?

4.2.3 SOLUTION

Et si , ils ont pu retarder leurs éjaculations, vous le pouvez

aussi! Il y en a qui nous demandent, pourquoi on devrait
apprendre à durer longtemps
au lit ?

Et la réponse, c'est parce que pour presque toutes les filles, il faut pouvoir le faire pendant 20-40 minutes ou plus pour avoir une chance de lui faire atteindre l'orgasme.

Pour certaines, ça peut même tarder jusqu'à 40-50 minutes pour arriver à l'orgasme.

Mais si vous ne savez pas contrôler votre éjaculation, si vous n'y arrivez que 3 ou 5 minutes, ou même 10, jamais vous n'arriverez à lui donner l'orgasme fort qui lui fait tellement plaisir et rêver. L'orgasme qui lui fait s'accrocher à vous, qui lui fera crier de joie.

Pour contrôler l'orgasme, Il faut savoir que ca dépend de 3 facteurs différents:

• **Facteur 1: Votre état psychologique**

40-50% de votre performance sexuelle dépend de votre condition psychologique.

A savoir, ce que vous pensez vraiment de votre capacité de durer longtemps, si c'est positif ou négatif, et surtout si le stress ou l'anxiété sexuelle jouent un rôle sans que vous en soyez au courant, et aussi si le cerveau est bien synchronisé avec le corps pendant l'acte.

• **Facteur 2. Votre état physique**

La manière dont vous respirez pendant l'acte sexuel, ce que vous mangez tous les jours et si vous buvez et fumez sont tous des facteurs qui influencent fortement votre capacité de durer longtemps au lit.

• **Facteur 3. Maitriser le point de non retour**

Le point de non-retour, c'est quand on est sur le point d'éjaculer, incapable de se retenir. Chacun entre nous a sa façon de maitriser son point de non-retour. On peut pratiquer 2 ou 3 méthodes personnelles pour ce faire. Pour certains, c'est la respiration, pour d'autres c'est le contrôle physique de ses muscles PC et encore pour d'autres, c'est de penser à quelque chose de différent pendant quelques secondes. En tout cas, la maitrise du point de non-retour est essentielle pour pouvoir retarder l'éjaculation.

• **Facteur 4 (bonus)**

Nous vous conseillons de vous rendre sur notre chaine youtube "jardin du bien etre" pour regarder avec demonstrations. Le melange d'un jaune d'oeuf et d'un verre du lait de coco a boire 2 fois par jour comme bien d'autres recettes car ils sont plusieurs millions à partager leur bonheur a travers nos astuces. Car cette astuce en plus de vous rendre endurant et puissant elle ameliore la qualité de vos spermatozoides plus particulièrement.

Comme chez presque 94% d'hommes que jai cotché jusqu'a present je leur est conseiller de consommer du boeur de cacao cru chaque jour une cuillere à soupe au moins trois fois par jours les resultats on été tout simplement extraordonaire je vous le conseille vivement que vous soyez dans un probleme d'éjaculation precoce ou que vous voulez agrandir votre penis et le rendre feroce. A la meme occasion il est important de reduire considerablement voir suprimer totalement votre consommation d'huile (l'huile peut provoquer l'impuissance sexuelle), de café, de thé, d'alcool, de boisson gazeuse, de sucre raffiné et privilegier les aliments saines et equilibrer boire au moins 1.5litre d'eau par jours pendant au moins 3 à 6 mois vous serrez en mesure de constater des resultats extraordinaires par vous meme .

C'est vous qui décidez si c'est le bon moment pour éjaculer.

Dès que vous arrivez à ce stade, vous pouvez endurer jusqu'à 40-60 minutes chaque fois que vous faites l'amour sans aucun problème. Et étant donné qu'une femme a besoin de 20-40 minutes en générale pour jouir bien fort, c'est fort probable qu'elle puisse avoir plusieurs orgasmes explosifs après ces 40 minutes. Et vous la verrez prendre bien son pied plusieurs fois, et c'est très agréable. Si vous aimeriez qu'elle hurle de plaisir, vous n'avez qu'à apprendre comment être performant au lit, ou si par contre vous aviez tout essayer jusqu ici et rien n a fonctionner nous vous presentons dans cette ouvrage eb plus de ce qui vien detre cité plus haut des ingredients 100% naturelle longtemps utiliser par nos savants africains pour mettre en exergue leur virilite et avoir une sante de fer, c'est tout. Si aujourd'hui, vous ne savez pas vous contrôler ne vous inquiétez plus, vous pouvez remédier à la situation.

- Quelques bienfait du boeur de cacao
- Le beurre de cacao cruRend heureux!

Si si, le cacao contient de l'anadamide autrement appelé «molécule du bonheur». Il agit sur le cerveau comme un euphorisant.

- **Aphrodisiaque**

C'est la raison pour laquelle il est courant d'offrir du chocolat à son conjoint. Le cacao cru contient de la phényléthylamine qui déclenche des endorphines dans le cerveau, qui stimule les organes reproducteurs et donc améliore la libido.

- **Antioxydant**

Le cacao serait un des aliments les plus riches en flavonoïdes. Il réduirait ainsi les risques de maladies cardiaques, le mauvais cholestérol et il pourrait même prévenir de certains cancers. Selon une étude américaine, le cacao cru renfermerait deux fois plus d'antioxydants que le vin rouge et plus de trois fois plus que le thé vert.

- **Bon pour le système nerveux**

Riche en magnésium, le cacao cru baisse la pression artérielle et aide au bon fonctionnement du système nerveux.

- **Bon pour la peau**

Riche en antioxydants, le cacao cru améliore la circulation du sang, aide à une meilleure élasticité de la peau, et lui donne un bel éclat. D'ailleurs, le cacao cru protégerait également la peau contre le soleil.

Aliment beauté Si le cacao est bon pour la peau et contribue à lui redonner tout son éclat, il est également bon pour le foie, le pancréas, les cheveux et les ongles. Riche en soufre, le cacao cru aide à régénérer le collagène et la kératine. Il donne ainsi les cheveux brillants et renforce les ongles.

- **Bon pour le cerveau**

En favorisant le flux sanguin cérébral, le cacao booste nos fonctions cognitives, améliore notre capacité de concentration et nous aide à maintenir notre mémoire.

5 CHAPITRE 3

POURQUOI ET QUAND AGRANDIR SON PÈNIS?

5.1 LA TAILLE DU PENIS DANS LE MONDE

Parler de sexe entre copines (et surtout du sexe de son partenaire) c'est courant. De la taille de son pénis à la manière de s'en servir, tout y passe sans le moindre tabou. Histoire de comparer et de se renseigner, êtes-vous curieuse de connaître la taille moyenne du pénis dans le monde? C'est par ici. **Dis, combien elle mesure la tienne?**

Est-ce que ces questions de taille apparaissent dans notre vie? Sans aucun doute à l'adolescence, période ingrate où l'on passe notre temps à nous comparer aux autres. Vous vous souvenez de votre première fois? Toutes vos copines vous avaient coaché en vous disant comment vous mettre en valeur, quoi faire, que dire...du côté de votre homme c'était plus ou moins la même chose.

En parlant de mesure, une de leurs principales inquiétudes concerne la taille de leur pénis. Pendant qu'on songeait à notre premier baiser, eux étaient mètre en main, en train de calculer combien il leur manquait (ou pas) pour atteindre la papaye divine, j'ai nommé: la moyenne une fois leur objectif atteint, plus rien ne les préoccupait. Au diable la moyenne, l'essentiel passe par l'amour et le plaisir.

Sceptique? Voici une infographie sur la taille du sexe masculin.

La science au secours de nos hommes

On peut dire que le site TargetMap connaît le principe de solidarité masculine. Afin de mettre fin au complexe de taille dont souffrent les hommes, le site s'est penché sur plusieurs études déjà réalisées et a établi une infographie dans laquelle il dévoile l'ensemble des moyennes du pénis en fonction de chaque pays. Ainsi, les moins bien lotis seraient les Asiatiques, notamment les Coréens du Sud avec 9,66 cm en érection. En revanche, les Congolais tiennent le haut du classement avec un sexe de 17,93 cm en action. Rassurez-vous, il existe un juste milieu, toujours selon les résultats de TargetMap, les Allemands atteindraient les 14,48 cm (score tout à fait honorable). On vous entend déjà vous exclamer et les Français alors, quand est-ce que vous en parlez? . Un peu de patience, on y vient. Les Français se placent bien avec 16,01 cm.

Pourquoi les hommes s'inquiètent-ils toujours de la taille de leur sexe ? Tous leurs maux proviennent essentiellement du porno. Nous sommes navrées de vous l'apprendre mais, tous les hommes n'ont pas un pénis démesuré et toutes les femmes n'ont pas un orgasme à chaque fois. De plus, il est normal d'avoir une vie sexuelle moins mouvementée que celle que vous voyez dans les scénarios érotiques. Ce n'est pas parce que vous n'avez pas d'orgasme vaginal, que votre partenaire doit être convaincu de l'impuissance de son sexe. De nombreuses femmes sont clitoridiennes et ont plus facilement un orgasme avec des caresses menées à bien, et toutes les fois ne peuvent pas être un feu d'artifice.

Un pénis trop petit est un obstacle qui se dresse devant le plaisir sexuel et la virilité masculine. Le nombre d'hommes qui sont dans cette situation est de plus en plus grand, ils cherchent tous un moyen efficace d'y remédier. La solution indiquée est l'agrandissement du pénis avec des différentes techniques proposées contre ce problème.

S'informer sur les différentes techniques est une initiative encouragée par les sexologues.

Soyez sans craintes, on va vous exposer toutes les solutions d'agrandissement possibles et nous allons exposer les faces cachées qui vous permettront de mieux décider quelle solution vous convient le mieux!

6CHAPITRE 4 QUEL METHODE DOIS JE UTILISER POUR AGRANDIR MON PENIS

Cette question nous amène à discuter des solutions

d'agrandissement du pénis et de leur DANGER, alors tenez vous

bien! Nous allons les lister une à une et présenter les avantages

et les inconvénients de chacune.

Si la majorité des hommes rêves d'avoir un pénis d'une

certaine taille ils sont prêts à tout pour ça y compris des

méthodes donc ils ignorent totalement des graves effets

secondaires mais alors je me demande pourquoi envisager des

solutions aussi extrêmes lorsque vous savez qu'il existe des

solutions naturelle or vous savez que grace à la médecine

parallèle au soin traditionnelle et 100% naturelle vous aurez

besoin simplement de quelques ingrédients que vous pouvez

soit trouver dans le commerce soit avoir ça sur internet où soit

me contacter directement pour que je vous les fournisse.

6.1 La chirurgie du pénis

La chirurgie du pénis est parmi les techniques les plus connues dans le domaine de l'agrandissement. Cependant, cette notoriété n'est pas issue de l'efficacité de la technique mais de ses effets secondaires désagréables qu'elle provoque; des pénis déformés, des implants péniens défectueux ou encore des lésions de l'épiderme.

Quand on étudie de près l'opération chirurgicale on se rend compte que ses inconvénients sont plus nombreux que ses avantages. Tout d'abord, la chirurgie est trop chère par rapport à ses résultats discutables, ensuite les sexologues les plus réputés la déconseillent car plus d'une fois ils se sont retrouvés à réparer des dégâts occasionnés par la chirurgie.

Il existe 2 approches : la Pénoplastie et la Phalloplastie, la première est un acte purement chirurgicale et se fait dans un bloc opératoire, la 2ème se fait avec des injections d'acide hyaluronique dans votre pénis et requiert seulement une anesthésie locale.

Avantages:
• Des résultats permanents et garantis,

- Vous pouvez gagner jusqu'à 2.5 cm de plus en état flaccide.
Inconvénients :
- Anesthésie générale,
- Choc psychologique potentiel sur le patient, on vous conseille souvent deconsulter parallèlement un psychologue qui assurera votre préparation mentale à l'acte,
- Gain uniquement au repos et non pas en érection,
- Pas de rapports sexuels pendant plusieurs semaines, le pénis a besoin de seremettre,
- Risques de déformation esthétique,
- Coût élevé.

6.2 Les extenseurs du pénis :

Ce sont des outils en acier généralement qui exercent une traction sur votre pénis pour le faire allonger, ils sont efficaces mais vous devez utiliser seulement les extenseurs homologués pour éviter de vous aventurer dans des expériences regrettables. vous pouvez gagner 1 cm ou plus si vous portez l'extenseur pendant plusieurs heures par jour et durant des mois. Vous trouvez cela pratique?

Avantages:

- Des résultats garantis,
- Le prix est nettement moins cher que la chirurgie,

Inconvénients:
- Requiert un emploi de longue durée,
- Pas pratique à porter,
- Risque d'endommager le pénis s'il est mal employé ou si la tension exercée surle pénis est plus forte que la normale.

Les Pompes de pénis:

Appelée aussi pompe à vide ou dispositif d'érection. Par erreur, certains considèrent la pompe comme un dispositif d'agrandissement, mais ils elle est plutôt utilisée en cas de difficulté érectile, ceci dit, elle arrive à octroyer un agrandissement du pénis même s'il est temporaire.

Avantages:
- Ne requiert pas de chirurgie ou d'emploi de médicaments,
- Utilisation rapide,
- Résultat immédiat.

Inconvénients:
- Les résultats ne sont pas durables, parfois le pénis se rétrécit visiblement durantle rapport sexuel,
- Effet visible uniquement en érection, la taille du pénis demeure la même en étatflaccide,

- Un grand risque de lésions tissulaires et problèmes de perte définitive de l'érectionen cas d'une mauvaise utilisation,
- L'éjaculation risque d'être douloureuse à cause de la pression exercée sur lecanal déférent.

6.3 Les Exercices:

Cette méthode se base sur l'utilisation des mains pour augmenter la longueur et la circonférence du pénis. Il existe plus de 50 exercices pour pénis, certains peuvent améliorer l'acte sexuel, mais ne peuvent pas résoudre à eux seuls le problème de la taille du pénis. Certains exercices sont plus efficaces que d'autres,

qui peuvent avoir un impact sur vos orgasme lors de vos rapports sexuels.

Le fait de pratiquer des exercices sur votre pénis n'a rien de

mal au contraire si vous être prudents, vous pouvez vous sentir mieux excité, et plus à l'aise lors de vos rapports sexuels. Par ailleurs nous vous invitons à prendre quelques mesure de sécurité en faisant ces exercices:

- Ne faites ce type d'exercices que lorsque votre pénis est en état flasque, - Arrêtez vous immédiatement si vous sentez une gêne ou une douleur quelconque, - Bloquez vous lors de l'exercice contre un mur ou prenez une position assise, - Soyez délicat lors des exercices pour éviter les blessures de vos tissus péniens, - N'hésitez pas à consulter votre médecin. Votre médecin vous dira quel seraient les bienfaits de ces exercices après vous avoir examiné.

Avantages:

- Des résultats garantis,
- Assurent plus d'excitations lorsqu'ils sont pratiqués juste avant les rapports,

Inconvénients:

- Risque potentiel sur le pénis si certaines conditions dont notamment celles citésci dessus, ne sont pas respectées,
- Il faut une régularité dans les exercices pour voir des effets perceptibles.

6.4 Les produits naturels:

C'est l'art de combiner des ingrédients de qualité extraits de plantes avec des dosages bien étudiés pour avoir des résultats efficace.

Donc vous avez compris qu'il ne s'agit pas d'inventer seulement une formule et de la mettre dans des comprimés mais plutôt de respecter tout un processus depuis la sélection des matières premières naturelles jusqu'à arriver à la phase de fabrication et par la suite des tests sur un échantillon optimal.

Malheureusement ce processus n'est pas toujours respecté par les fabricants qui se soucient seulement des marges bénéficiaires qu'ils vont récolter plutôt que les résultats que leur produits pourraient apporter.

C'est pourquoi aujourd'hui on trouve plusieurs produits sur le marché qui sont soit inefficaces soit dangereux.

Avantages (si le produit est bien choisi):

- Des résultats garantis et de longue durée,
- Un effet d'agrandissement cohérent sur le pénis (longueur et largeur),
- Une amélioration des performances sexuelles, plus de libido et une érectionplus durable,
- Aucun risque sur la santé,
- L'utilisation est pratique,

Inconvénients (si le produit est mal choisi):

- Produits inefficaces,
- Effet secondaires si le produit est mixé avec des ingrédients chimiques,
- Aucune garantie de remboursement pour certains produits,
- Prix chers,
- Traitement de longue durée.

- Je suis perplexe, je ne sais pas que choisir pour agrandir mon pénis... Il est vrai que cette présentation risque de vous laisser un peu confus par rapport à quelle option choisir pour agrandir votre pénis. Mais nous estimons que nous avons essayé de listé objectivement toutes les solutions possibles avec leurs avantages et inconvénients, maintenant c'est à vous de choisir la voie qui vous convient le plus selon votre spécificité.

6.5   Quand est-ce que je peux voir des résultats ?

Les résultats d'agrandissement sur votre pénis vous pouvez les voir en fonction de votre approche et de la méthode employée.

Les exercices et extenseurs prendront certainement plus de temps, les pompes quand à elles montrent des résultats instantanées mais le risque est élevé et risque d'être dramatique, la chirurgie est coûteuse, les produits naturels sont efficaces mais vous devez faire le bon choix...

6.6   Qu'est-ce que nous vous recommandons?

Nous vous proposons des recettes au vertus et au resultats exeptionelles que nos savants africains ont utiliser depuis plusieurs siecles pour agrandir leurs penis et accroitre leurs virilitée.

Vous etes daccord avec nous que ces genres de secret son rarement devoiler car chacun consomme discretement chez lui et garde le secret jalousement la preuve en ait que meme les gelules et les medicaments que vous avaler on ne vous devoilera jamais la formule secrete qui permet de mettre ces produits au point.

Nous vous proposons d'agrandir le pénis au 100% naturel

sans aucun risque nous allons partager quelques ingredients avec leurs caracteristiques qui vous permettrons d'agrandir votre penis en agissant sur les chambres c'est a dire les arteres les corps caverneux et les corps spongieux pour accroître la masse pénienne et favoriser un plus grand flux de sang au niveau du pénis ce qui entraînera forcément un agrandissement de la forme à l'état de flaccidité et d'érection!

Nous vous proposons une combinaison de methodes naturelle

en externe et en interne propre a elle meme qui en plus d'allonger et de grossir votre penis
vous donnera une virilité extreme et une sante de fer dans de tres bref delai

5 ## CHAPITRE 5

VOİCİ COMMENT AGRANDİR VOTRE PENİS TOUT EN AYANT UNE SANTÉ DE FER

7.1 Les meilleures solutions

L'agrandissement du pénis est une procédure délicate surtout quand il s'agit d'un organe aussi précieux et vital. Dans le but d'éviter les incidents des techniques conventionnelles, les chercheurs présentent un agrandisseur totalement naturel.

En effet, les plantes et les herbes, qui existent depuis des générations, ont donnés
des résultats satisfaisants tout en préservant la condition physique.

Grâce aux extraits naturels, le pénis s'allonge sans contrainte ni sensations inconfortables. Les tests en laboratoire ont démontré l'efficacité des plantes à amplifier le volume du pénis de l'intérieur. Quant aux utilisateurs, leur satisfaction est accomplie à travers une activité sexuelle épanouissante et une immense sensation de virilité.

Etant donner qu'on doit agir sur les 3 chambres (les arteres, les 2 deux corps caverneux et le corps spongieux) pour accroitre la masse penienne et favorier un plus grand flux de sang au niveau du penis ce qui entrainera forcement un agrandissement de la forme a l'etat de flexiibilité et d'erection.

Tenant compte du fait que avec la mondialisation et tout ce qui va avec nous avons certainement des depots de toxine dans nos arteres et nos vaisceaux sanguins .... Due a tout ce que nous consommons voir meme l'air poluer que nous respirons etc...

Il est tres important avant toute chose de comencer par un nettoyage interne de l'interieur du penis en particulier et de notre corps en genérale vous allez certainement vous poser la question a savoir comment nous allons proceder pour y parvenir.

Ne vous inquietez plus car la nature a tout prevu tout ce qui nous reste a faire c'est de savoir quel ingredient utiliser et a quel moment.

Alors de ce fait parmi plusieurs nous allons choisir quelques ingredients que vous allez combiner ensemble pour avoir des resultats perceptible dans de tres bref delai qui jusqu'ici ont fait leur preuves chez 93.7% d'hommes.

7.1.1 Premierement: CURE D'ARGILE VERTE

L'argile verte concassé

L'argile verte est un moyen extraordinaire que nous offre la nature pour soigner de nombreux maux d'une manière extrêmement efficace. Elle était déjà connue et utilisée dans l'Antiquité. Gandhi la recommander. De nos jours, de nombreux peuples proches de la nature l'utilisent encore. Les animaux, eux, ne l'ont jamais oubliée, ils ont toujours pris des bains de boue argileuse pour se guérir de leurs blessures.

Des naturopathes allemands ont contribué à la renaissance de l'argile depuis plus d'un siècle, si bien que son utilisation est à nouveau connue. C'est une terre qui est extraite dans des carrières et que l'on fait sécher au soleil. On peut la trouver en magasins de produits biologiques, diététiques ou en pharmacie pour l'utilisation domestique.

7.1.1.1 PROPRIETES DE LARGILE VERTE

En analysant chimiquement l'argile verte, on a découvert de nombreux éléments, mais la façon dont elle agit reste encore une énigme pour les scientifiques. La nature recèle encore des mystères que l'humanité ne saura expliquer que lorsqu'elle aura acquis l'humilité suffisante pour cela.

Cela fait partie de ces produits qu'on connais tous mais que Nous utilisons rarement parcequ'on ne sais quand ni comment l'utiliser ces vraiment un produit incontournable pour votre virilité en particulier et pour votre bien etre en generale on vas l'utiliser cette fois ci en interne ces un produit a la fois préventif et curatif il est plein de proprieté, plein de pouvoir il n'ya pas plusieurs produit comme celui ci il est unique en son genre. C'est un deux en un a la fois détoxifiant et remineralisant

POUVOIR ABSORBANT ET POUVOIR REMINERALISANT

L'argile cest comme une eponge qui absorbe toutes les empuretés qui sont en meme temps dans le conduits digestif et dans le sang, dans vos vaisceaux sanguins dans vos arteres y compris dans les 3 chambres que constituent votre penis. L'argile est un aspirateur 100% naturelle echologique. l'argile absorbe jusqua 8 fois son poids c'est la raison pour la quelle on l'utilise dans les contrées ou l'eau nest pas potable pour purifier l'eau.

Il est utile pour des personnes qui souffrent de ballonement, de l'exès d'acidité ou des remontée d'acide. Parceque l'argile est un pensement gastrique. En plus de fixer les toxines et de favoriser son elimination ca va également assainir et aceptisé tout l'organisme.

Interdit pour les femmes enceinte et pour des personnes qui sont sous traitement medicamenteux.

- L'argile verte C'est un concentré d'oligo élement, de mineraux
- Éléments majeurs: Silice (60%) - Aluminium - Calcium - Fer - Potassium -Magnésium - Sodium - Manganèse - Phosphore - Titane
- Éléments mineurs: Cuivre - Cobalt - Lithium - Molybdène - Sélénium – ZincDu fait de la presence de la silice, il sera

formidable pour tout ce qui est probleme articulaire, musculaire, ligamentaire ect... La silice vas nourrir tout les tissus organique c'est a dire la peau les vaiscaux et tout le capitale osseux.

L'argile agit avec discernement, entrave la prolifération des microbes ou bactéries pathogènes, c'est-à-dire tout corps parasitaire, tout en favorisant la reconstitution cellulaire saine.

Traitée par l'argile, une plaie purulente guérit à un rythme étonnant.

L'argile va là où est le mal: utilisée en usage interne, aussi bien par voie buccale, anale ou vaginale, l'argile se dirige vers le foyer morbide et s'y fixe parfois pendant plusieurs jours pour, finalement, entraîner pus, sang noir, etc dans son évacuation. l'argile a une action adoucissante, absorbante (toutes les toxines), bactéricide et cicatrisante.

elle nettoie et purifie le sang. Elle a une action reconstituante des globules du sang qu'il est facile de justifier par le test de la numération globulaire. En un mois, on assiste à une impressionnante augmentation des hématies.

- Si un organe fonctionne mal ou si une fonction ne s'accomplit qu'en partie, Il fautaller plus loin et l'argile y va. Elle stimule l'organe déficient et contribue au rétablissement de la fonction défaillante en detruisant le probleme depuis la racine tout en rendant votre penis grand et tres virile.

Pour toutes les irritations, ulcérations des organes digestifs, l'argile constitue un pansement d'une extrême activité, éliminant les cellules détruites et activant leur reconstitution.

Partout où il y a carence, l'argile comble ces carences.

- l'argile verte concassé en morceaux ou l'argile verte en poudre surfiné ou ultraventilée que l'on boit avec un verre d'eau - ou parfois argile blanche surfiné en poudre pour les personnes très délicates

Indications

-Infection: dans tous les cas d'infection interne ou externe,

l'argile va aider au nettoyage du corps par l'intérieur (et donc compléter les cataplasmes éventuels). - diarrhée: action très rapide pour enrayer les diarrhées.

- anémie: reconstitution des globules rouges, l'argile comble les carences en minéraux- endocrinologie: l'argile contribue à stimuler ou apaiser les glandes déficientes - désinfection: l'argile nettoie le sang, stoppe la prolifération microbienne dans l'intestin et reconstitue une bonne flore microbienne désodorise l'eau chlorée et entraîne l'élimination des substances indésirablesdel'eau.

- Vermifuge: l'argile peut évacuer les vers présents dans les intestins.- ulcères: contre les irritations et ulcérations des voies digestives, l'argile constitue un excellent pansement.

- rhumes, angines: sucer de petits morceaux d'argile

- la cure d'argile verte par voie buccale est recommandée une, deux, voire quatrefois par an, aux changements de saison, mais principalement au printemps pour nettoyer l'organisme et parer à ses déficiences éventuelles.

Précautions

- Inutile de consommer de grosses doses d'argile, la régularité et la durée dutraitement agit d'avantage.

- Constipation: la prise régulière d'argile peut entraîner une constipation. Cela vientdu fait que l'argile entraîne les déchets contenus dans l'intestin. Si ceux-ci sont importants, cela peut occasionner des "bouchons" comme sur l'autoroute! Plusieurs solutions sont proposées: augmentation de la consommation d'eau bue tout au long de la journée pour aider l'évacuation; boire uniquement l'eau argileuse en laissant le dépôt d'argile dans le fond du verre; prendre une tisane laxative. Surtout, ne pas laisser s'installer la constipation.

- De plus, il est important de ne pas absorber d'huile de paraffine pendant la curecar l'huile durcit l'argile et les intestins n'apprécieront pas. De même, par précaution, restreindre sa.

POSOLOGIE

Remplir un verre d'eau pure aux trois-quarts et verser une cuillère à café d'argile verte ou blanche en poudre pour un adulte, (une demi cuillère pour les enfants jusqu'à 10 ans).

Attendre la nuit (afin que l'argile puisse libérer ses éléments) et boire le matin. Les premiers jours, pour habituer le corps peu à peu à l'action de l'argile, ne boire que l'eau.

Puis, les jours suivants, mélanger l'argile à l'eau et boire progressivement un peu d'argile avec l'eau, chaque jour un peu plus. Au bout d'une semaine, boire la totalité eau et argile.

Attention: lorsque vous nettoyez votre verre, veillez à ne pas jeter de restes d'argile dans les conduites d'évacuation de lavabo ou du lévier. En effet, l'argile est une terre collante qui se déposerait le long des canalisations et les boucherait à la longue. I est préférable de la jeter au compost.

DUREE

-       La cure d'argile verte est recommandée pour une durée de trois semaines avec un verre par jour. Si l'on veut prolonger les bienfaits de l'argile, il est possible de poursuivre pendant trois mois (avec des semaines de pause).

-       Pour les cas de diarrhée: deux à trois verres d'eau argileuse par jour.- pour tous les autres cas : un verre d'eau argileuse par jour tant que dure la maladie, continuer quelques jours, voire une semaine après la disparition des symptômes en cas de problème de courte durée.

Si le traitement demande plusieurs mois, il faut effectuer un arrêt d'une semaine après la cure de trois semaines (21 jours). Puis on alternera une semaine de cure, une semaine d'arrêt.

Les réactions possibles

L'argile verte a une action puissante et va occasionner des changements danslecorps. Tandis que les médicaments habituels endorment le mal et réduisent les symptômes, les méthodes naturelles peuvent entraîner des réactions imprévues. C'est parce qu'elles se comportent comme des révélatrices de problèmes latents. Et l'organisme cherche à éliminer ce qui l'encombre.

Ainsi, une cure d'argile peut entraîner l'évacuation des vers, du sang, d'autres substances ... ignorées dans le corps, ou encore diarrhée ou constipation. Si c'est difficile à supporter, espacer d'avantage   les prises d'argile ou alterner avec un autre soin naturel. Ne pas s'inquiéter. C'est le processus d'élimination qui se met en route. S'il est un peu fort au début, il s'estompera par la suite.

OU TROUVER L'ARGILE VERTE?

Dans certains pays d'Afrique, l'argile locale, est vendue dans les herboristeries ou sur les marchés. Ces argiles sont utilisées traditionnellement depuis longtemps, il faut se référer aux conseils de l'herboriste. Elles sont certainement recommandées car il est toujours préférable de se soigner avec les produits originaires de l'endroit où l'on vit. Ces argiles en général de couleur marron ne sont parfois pas aussi pures que l'argile verte, elles contiennent un peu de sable, mais elles peuvent être efficaces. Il faut les tester et choisir celle qui semble la plus appropriée.

7.1.1.2 UN POİNT PARTİCULİER: LE RHASSOUL, OU GHASSOUL, LE TFAL, ...

Ces argiles récoltées dans les montagnes de l'Atlas, en Afrique du Nord sont employées traditionnellement depuis des centaines d'années, essentiellement pour les soins du corps et des cheveux. Elles sont considérées comme des argiles lavantes et adoucissantes, et donc utilisées en shampoing et en masque purifiant. Cependant, dans la tradition, elles étaient aussi reconnues autrefois pour soigner, en cataplasmes pour les blessures par exemple. On conseillait de même aux femmes enceintes d'en sucer des grains lorsqu'elles avaient des problèmes digestifs.

Nous avons donc testé le rhassoul marocain pour soigner une blessure par
Cataplasme et avons vérifié son efficacité. Il s'agissait du rhassoul brut, en morceaux concassés ou en mottes que l'on trouve dans les souks. Nous recommandons donc son utilisation aux personnes d'Afrique du Nord qui ne pourraient pas trouver une argile plus pure comme l'argile verte, dans leur pays. Cette argile s'est avérée vraiment efficace en cataplasme.

Le rhassoul en poudre ou en plaquettes qui est commercialisé, a déjà été lavé et épuré de son sable, nous supposons qu'il serait moins efficace que le rhassoul brut en mottes, dans le cadre de soins médicaux externes.

Dans certains pays d'Afrique, l'argile locale, sans marque, est vendue dans les herboristeries ou sur les marchés. Ces argiles sont utilisées traditionnellement depuis longtemps, sans contrôle particulier; il faut se référer aux conseils des herboristes.

Il est préférable de se soigner avec les produits originaires de l'endroit où l'on vit. Ces argiles en général de couleur marron ne sont parfois pas aussi pures que l'argile verte, elles contiennent un peu de sable, mais elles peuvent être efficaces. Il faut les tester et choisir celle qui semble la plus appropriée.

Hors mis tout les autres bienfait extraordinaire que l'argile verte apporte a notre penis en particulier et a l'ensemble de tout notre systeme imunitaire en general il va egalement jouer un tres grand role dans l'amelioration de notre virilité et l'agrandissement de votre penis comme il la deja fait pour plusieurs centaines de miliers d'hommes jusqu'ici car La silice est par ailleurs indispensable à la synthèse du collagène et de l'élastine, et son apport accroit l'élasticité et l'agradissement des corps caverneux , des corps spongieux sourtout de l'élasticité des arteres y compris des vaisseaux sanguins.

Et ce n es pas tout pour obtenir de parfaite resultats et dans de tres bref delais il est tres important d'associer toujours ces boissons

7.1.2 Deuxiement: gingembre+citron+miel

1- verre de jus de concentree de gingembre frais plus du miel 100% naturelle provenant des forets de l'afrique si possible plus un citron vert entier et si il arrive que vous n'avez pas la possibilite d'avoir du pur miel 100% naturelle, je vous conseille de consommer votre boisson sans miel.

Car le but est d'accroitre tout naturellement sans aucun risque la masse penienne et favoriser un plus grand flux de sang au niveau du penis ce qui entrainera forcement un agrandissement de la forme a l'etat de flaccidite et d'erection

Avant de passer au soin externe pour couronner tout il est important d'apprendre plus en detail sur chaque ingredient.

7.1.2.1 LE GINGEMBRE

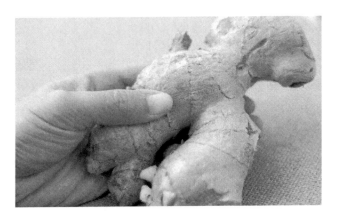

Très connu comme "aphrodisiaque", mais ce que vous ne savez pas certaiment c'est que le gingmbre a la capacite d'agrandir considerablement votre penis en favorisant un plus grand flux de sang au niveaux du penis mais ce n'es pas tout le gingembre possède de nombreuses vertus très intéressantes pour la santé.

Le point sur cette racine qui sert aussi d'épice.

Le gingembre est une plante vivace qui pousse dans la plupart

des régions tropicales et ensoleillées, en particulier en Afrique et en Asie. Son rhizome, très apprécié en gastronomie, possède plusieurs propriétés thérapeutiques. Il protège notamment l'estomac, le foie et le pancréas.

En plus de favoriser l'absorption des nutriments, le gingembre

nous aide à prévenir la constipation et à faciliter la digestion. Ce dernier permet également de soulager
les douleurs abdominales dues aux inflammations de l'estomac.

Le gingembre est une racine dotée d'un goût très particulier

que nous pouvons utiliser pour la préparation de sauces, soupes, marinades, plats principaux et même pour certains desserts.

Cependant, au-delà de ses usages culinaires, le gingembre est

devenu populaire depuis des dizaines d'années dans le monde

entier grâce à ses multiples propriétés médicinales bienfaisantes pour notre santé.

Certaines personnes ne connaissent toujours pas les vertus d'une plante si économique et facile à trouver comme le gingembre, et qui représente un excellent alié pour notre santé.

C'est pour cette raison que en plus de celui citer plus haut nous allons partager avec vous autres bienfaits du gingembre que vous ignorer certainement.

Le gingembre améliore la circulation sanguine

Le gingembre contient du magnesium et du zinc, les éléments clefs pour améliorer la circulation sanguine.

De plus, certaines de ses propriétés inhibent l'accumulation du mauvais cholestérol dans le foi, permettant ainsi d'éviter de nombreux problèmes cardiovasculaires. Entre autres, le gingembre est aussi utile pour faire baisser la fièvre et les problème de transpiration excessive.

Il améliore l'absorption des nutriments.

Lorsque nous consommons du gingembre, nous garantissons une meilleure absorption des nutriments essentiels à notre organisme, grâce à la stimulation de la sécrétion de notre estomac et des enzymes pancréatiques. Aussi, si nous avons des problèmes d'appétit, nous pouvons mâcher une petite quantité de gingembre avant chaque repas pour le stimuler.

Le gingembre a aussi des propriétés expectorantes et antibiotiques qui pourraient agir de façon efficace en cas de grippe ou de rhume

IL AMÉLIORE LA DIGESTION

En plus d'améliorer l'absorption des nutriment dans l'organisme, le gingembre aide à calmer les douleurs abdominales qui sont souvent produite lors d'une inflammation stomacale.

Il prévient et évite également la constipation, réduit les gaz intestinaux et favorise une meilleure digestion.

Le gingembre pourrait être anti-cancérigène

Plusieurs recherches ont détecté dans le gingembre différentes substances anticancérigènes très puissantes, capable d'inhiber le développement des cellules cancéreuses au niveau du colon et de la prostate.

La consommation régulière de gingembre renforce le système immunitaire et maintient les défenses de l'organisme fortes face à de possibles infections, grippes, toux ou des maladies chroniques.

Il réduit également le risque de souffrir d'une hémorragie cérébrale et il est très utile pour combattre les infections bactériennes intestinales.

Il calme les douleurs articulaire, le gingembre est aussi connu pour ses multiples vertus. Il est réputé aphrodisiaque, mais pas seulement. Il possède de très nombreuses propriétés médicinales. Entre autres bienfaits, le gingembre est antibactérien, il aide à réchauffer l'organisme, il stimule le système immunitaire, il est antiallergique et antipyrétique (il lutte contre la fièvre). D'autre part, il permet une digestion plus rapide en favorisant la sécrétion biliaire. Dans les pays occidentaux, le gingembre est également utilisé pour diminuer les manifestations inflammatoires des rhumatismes.

Les principes actifs que renferme le rhizome de gingembre exercent une action sédative sur la muqueuse gastrique. Ils permettent de traiter les gastrites et les troubles gastro-intestinaux tels que les nausées, les vomissements, les ballonnements et les douleurs abdominales. Les phénols présents dans la résine seraient responsables de la désactivation du mécanisme qui entraîne les nausées.

7.1.2.2 LE MIEL

Le miel est fabriqué par les abeilles à partir du nectar des fleurs. Il est essentiellement utilisé pour sucrer les aliments. Mais il présente aussi différentes vertus pour la santé.

Le miel et ses multiples usages

Le miel est une substance sucrée fabriquée par les abeilles à l'aide du nectar des fleurs. Composé à plus de 80 % de glucides, c'est un aliment riche en énergie et relativement pur. En fait, on y retrouve principalement deux sucres : le fructose et le glucose, deux sucres simples qui ne nécessitent aucune digestion avant leur absorption et qui sont facilement et directement assimilés par le corps.

Caractéristiques du miel:
- Riche en calories;
- Riche en glucides;

- Source de potassium;
- Effet prébiotique;
- Riche en antioxydants.

Lors de sa récolte, le miel est un liquide sucré qui va rester liquide ou cristalliser en fonction de sa teneur en fructose et en glucose. Plus un miel est riche en fructose, plus il restera liquide.

Mot du nutritionniste

Dans une portion de 15 ml de miel, aucun nutriment ne rencontre les critères pour être considéré comme une source, une bonne source ou une excellente source. Il est cependant intéressant de l'utiliser pour ses vertus anti-bactériennes et antiseptiques.

Quelques bienfaits du miel: pourquoi en manger?

- Les prébiotiques sont des glucides non assimilables par notre organisme qui jouent un rôle dans la balance de la microflore intestinale. Le miel aurait possiblement un effet prébiotique sur le corps humain en améliorant la croissance, l'activité et la viabilité des bifidobactéries et des lactobacilles de la microflore intestinale, des bactéries importantes pour une bonne santé.

• Le miel est une source alimentaire d'antioxydants. La majorité de ces antioxydants sont des flavonoïdes. Ces derniers interagissent dans la neutralisation des radicaux libres du corps, permettant ainsi de prévenir l'apparition des maladies cardiovasculaires, de certains cancers et de certaines maladies neurodégénératives. La quantité et le type de flavonoïdes trouvés dans le miel varient selon la source florale. Règle générale, les miels les plus foncés, comme ceux issus du tournesol et du sarrasin, contiennent des quantités de flavonoïdes supérieures aux miels plus pâles, ainsi qu'une plus grande capacité antioxydante. D'ailleurs, pour une même quantité, le miel possède un pouvoir antioxydant équivalent à celui de la majorité des fruits et légumes. Par contre, il est rare que l'on consomme la même quantité de légumes/fruits et de miel. Toutefois, l'assimilation de ces flavonoïdes par le corps humain ayant été très peu étudiée d'autres recherches sont nécessaires.

• Certaines caractéristiques du miel tel son bas pH, sa grande viscosité qui limite la dissolution d'oxygène et sa faible concentration en protéines lui confèrent un effet antibactérien important. D'ailleurs, la possibilité de prévenir et de traiter certaines affections gastro-intestinales mineures comme de l'inflammation ou un ulcère gastrique par une administration orale de miel n'est pas exclue. En effet, ce dernier diminuerait l'adhérence des cellules bactériennes aux cellules épithéliales de l'intestin ce qui empêcherait les bactéries de se fixer et de proliférer, en plus de mettre à profit ses propriétés anti-inflammatoires.

Autres produits apicoles

Les abeilles sont de vraies petites bûcheuses, elles ne s'arrêtent jamais (ou presque) et servent toutes aveuglément leur reine. Organisées, travailleuses, elles ne chôment pas... pour notre plus grand plaisir. Sans détailler les nombreuses variétés de miel existantes (de châtaignier, d'acacia, en rayons, de romarin, etc.), il faut savoir que nos amies les abeilles produisent une multitude de produits: gelée royale, propolis, pollen.

Pollen

Oui oui, le pollen que les butineuses récoltent afin de nourrir

leurs congénères est comestible. Non seulement le pollen peut nourrir les hommes mais de plus, il est très nutritif. Par exemple, 100 grammes de pollen équivalent à 500 grammes de viande de bœuf! C'est pourquoi il est particulièrement recommandé pour lutter contre la fatigue physique et intellectuelle.

Propolis

C'est un peu la pâte à tout faire dans la ruche. A la base,

c'est une résine produite par les bourgeons de certaines espèces d'arbre. Transportée à la ruche, elle est mélangée à la cire et devient la propolis, une sorte de ciment pour réparer les éventuelles fissures. De plus, elle est utilisée par les abeilles comme isolant et comme antibiotique naturel. Ces mêmes propriétés antimicrobiennes sont utilisées en médecine traditionelle.

Gelée royale

La gelée royale est sécrétée par les abeilles ouvrières, entre le cinquième et le quatorzième jour de leur existence (ouvrières qui portent alors le nom de nourrices).

Substance blanchâtre aux reflets nacrés, à consistance gélatineuse de saveur chaude, acide et très sucrée, elle sert à nourrir les larves de la colonie jusqu'à leur
Troisième jour et la reine une fois qu'elle a quitté la cellule royale.

Elle est composée de glucides (fructose et glucose en majorité), d'eau et de lipides.

Très riche en vitamine B5 et en oligoéléments, la gelée royale est connue pour ses propriétés revitalisantes, stimulantes et euphorisantes.

Propriétés médicinales

Parmi les innombrables usages thérapeutiques du miel, l'une des principales reste ses propriétés antiseptiques et antibiotiques. Certaines caractéristiques du miel lui confèrent un pouvoir antibactérien important. Sa viscosité, par exemple, limite la dissolution de l'oxygène, assurant ainsi une meilleure oxygénation des tissus. D'autre part, sa faible concentration en protéines empêche les bactéries de croître correctement.

Avant l'apparition des antibiotiques, le miel était souvent utilisé dans le monde médical. Il était par exemple employé comme agent antiseptique pour la guérison des infections et pour soigner en douceur verrues, boutons d'infections et furoncles.

Durant la Première et la Seconde guerre mondiale, il était utilisé pour accélérer la cicatrisation des plaies des soldats. Néanmoins, précisons que, pour l'instant, aucune étude scientifique ne s'est penchée sur l'effet antibactérien du miel.

Le pollen, est lui aussi hautement énergétique: en manger 100 grammes revient à manger 7 œufs!

La gelée royale permet à la reine d'une colonie, qui s'en nourrit exclusivement, de vivre jusqu'à quarante fois plus longtemps que ses congénères! Même si cela n'est pas vrai chez l'homme, il n'en reste pas moins que la gelée, riche en protéines et en oligoéléments, est une source d'énergie formidable!

Sport

Composé de fructose et de glucose, il est facilement assimilé par le corps, ce qui en fait un apport énergétique intéressant pour les sportifs.

Mal de gorge

Il aide aussi au soulagement en cas d'angine ou de mal de gorge. Une cuillerée de miel dans une boisson chaude apaise ainsi les irritations.

Il est d'usage d'agrémenter une bonne tisane d'une cuillère à soupe de miel pour soigner un vilain rhume. Loin d'être un reliquat de coutumes désuètes, ce geste est au contraire plein de bon sens! En effet, il semblerait que le miel diminue l'adhérence des bactéries, les empêchant ainsi de se fixer et de proliférer. Ainsi, le miel aide à atténuer les maux de gorge et, dans le cas de toux sèches, à fluidifier le mucus.

A noter également l'intérêt du pollen dans le traitement du rhume des foins. Et oui, cela peut sembler paradoxal mais, finalement, cela revient simplement à traiter le mal par le mal, le principe même de l'homéopathie. Enfin, il faut bien retenir que si le miel peut être un véritable plus dans le traitement du rhume.
Antioxydant

Son pouvoir antioxydant provient des flavonoïdes qu'il contient et qui sont plus présents dans les miels de couleur foncée.

Cicatrisation

Mais ce sont surtout ses propriétés cicatrisantes et antiseptiques qui intéressent le plus les médecins. Il permettrait ainsi de soigner certaines plaies. En effet, sa faible teneur en eau, sa viscosité, son fort taux de sucres, sa faible concentration en protéines et son niveau d'acidité limitent la croissance des microbes, ce qui explique son pouvoir antibactérien.

Constipation

En plus de fournir de l'énergie de lutter les bactéries et d'adoucir les maux de gorge, le miel agit également sur la sphère digestive! Il possède des propriétés diurétiques, laxatives et aide à lutter contre les constipations passagères. Il serait également efficace contre les infections de l'estomac et de l'intestin. Quant au pollen, il serait efficace dans le traitement des colites et des constipations également.

D'ailleurs, la possibilité de prévenir et de traiter certaines affections gastrointestinales mineures comme une inflammation ou un ulcère gastrique par une administration orale de miel n'est pas exclue.

En plus d'être bon pour la santé, le miel est bon tout court!

7.1.2.3 LE CONCENTER DE CİTRON

LE CITRON bio antioxydant naturel puissant Ses Bienfaits et Propriétés thérapeutiques. Quel sont les bienfaits et propriétés thérapeutique du citron, cet agrume qui est le citron comment agit-il sur notre corps?

Le citron rafraîchissant, antiseptique, astringent, tonifiant, cicatrisant, le citron peut servir à plusieurs usages.

Heureusement, on retrouve le citron sur le marché toute l'année. Voici quelques trucs pour en profiter jusqu'à la dernière goutte du citron.

Le Citron est riche en sel minéraux et en vitamine C, faible en calories (35 calories par 100 grammes) Le citron est non seulement apprécié en cuisine, mais il possède aussi de nombreuses propriétés.

Citron et perte de poids

De nombreux régimes amaigrissants vantent l'utilisation du citron et de son jus pour son impact sur la perte de poids. Il a été démontré que les personnes obèses avaient des concentrations de vitamine C inférieures aux non-obèses et que de faibles taux de vitamine C étaient reliés à l'accumulation de graisse abdominale. En effet, les individus qui consomment suffisamment de vitamine C oxyderaient 30% plus de gras corporel au cours d'une séance d'exercice modéré comparativement

aux individus ayant de faibles consommations vitamine C 40.

La prévention du cancer

Plusieurs études ont démontré que la consommation

d'agrumes serait reliée à la prévention de certains types de cancers, comme le cancer de l'oesophage, le cancer de l'estomac, le cancer du côlon, de la bouche et du pharynx. Selon l'une de ces études, une consommation modérée d'agrumes (soit de 1 à 4 portions par semaine) permettrait de réduire les risques de cancers touchant le tube digestif et la partie supérieure du système respiratoire.

Une étude populationnelle suggère que la consommation

quotidienne d'agrumes jumelée à une consommation élevée de thé vert (1 tasse et plus par jour) serait associée à une plus forte diminution de l'incidence des cancers.

Ralentir la progression du cancer

Diminution du risque des maladies cardiovasculaires

Calmer les inflammations

Réduction de l'hypercholestérolémie

Autres bénéfices du citron

D'ou proviennent les bienfaits du citron?

Le pouvoir antioxydant du citron et de la lime est considéré comme faible, car il est calculé en fonction d'une portion normale, qui est relativement petite. Néanmoins, le citron et la lime renferment divers composants qui peuvent avoir un effet favorable sur la santé et sur la prévention de plusieurs maladies. Flavonoïdes

Le citron et la lime renferment différents types de flavonoïdes. Ces composés antioxydants permettent, entre autres de neutraliser les radicaux libres du corps et, ainsi, prévenir l'apparition des maladies cardiovasculaires, de certains cancers et d'autres maladies chroniques. Les principaux flavonoïdes contenus dans le citron et la lime sont l'ériocitrine et l'hespérétine. Des expériences menées sur des animaux ont démontré que l'ériocitrine et l'hespérétine, extraits de l'écorce (peau) du citron ou de son jus, pouvaient diminuer ou prévenir l'augmentation des dommages reliés au stress De plus, l'ériocitrine pourrait induire l'apoptose de cellules leucémiques.

La partie blanche de l'écorce du citron est celle qui contient le plus de ces 2 flavonoïdes.

- La nobiletine
- Limonoïdes
- Fibres solubles

Les agrumes sont riches en fibres solubles, principalement en pectine, que l'on retrouve dans l'écorce et dans la membrane blanche autour de la chair (albédo). Par leur aptitude à diminuer le cholestérol sanguin, les fibres solubles contribuent à réduire l'incidence des maladies cardiovasculaires. Des chercheurs ont démontré que l'écorce de citron était efficace pour diminuer les taux de cholestérol sanguin et hépatique. Cependant, en plus de la pectine, d'autres composés présents dans l'écorce du citron pourraient participer à ce processus.

• Protéines

Vitamines et minéraux principaux

Vitamine: Le citron et le jus de citron sont de bonnes sources de vitamene c Cuivre: Le jus de citron est une source de cuivre.

Fer: La lime est une source de fer pour l'homme seulement.

Précautions

On devrait éviter de consommer du citron, en même temps que des médicaments antiacides. Soit consulter toujours son docteur en cas de probleme de santé

En effet, plusieurs agrumes augmentent l'absorption de l'aluminium contenu dans les antiacides. Il vaut mieux espacer de 3 heures la prise d'antiacides et de fruits citrins ou de leur jus.

Le citron, la lime, ainsi que leurs jus, devraient également être

évités par les personnes souffrant de reflux gastro-

oesophagien, d'oesophagite peptique et de hernie hiatale (en

phase aiguë de ces maladies). Ces aliments peuvent causer une

irritation de la muqueuse de l'oesophage ou causer des brûlures

épigastriques. **Comment exploiter les bénéfices de ces**

merveilles de la nature?

PREPARATION

INGREDIENTS

• Le gingembre frais.

• 1 petit citron entier citron vert biologique)
• Plus un grand verre d'eau chaude
• Miel d'abeilles. 100% natürel

Mettez tous les 3 premiers éléments dans le mixeur et mixez

jusqu'à ce que le mélange soit bien homogène, ensuite vous

tamiser et ajoutez votre miel D'abeille a votre preference. Bonne dégustation

Ce thé est une des meilleures façons d'exploiter tous les bénéfices que nous offre ces elements.

Il est aussi recommandé pour éviter de contracter certaines maladie et renforcer le système immunitaire dans l'ensemble et votre virilité en particulier.

7.1.3 Troixiemement:

Noyaux davocat+consentrer de poudre (ou de jus) de moringa Deuxieme boisson a realiser uniquement avec du noyaux d'avocat et la poudre de moringa pour cette astuce vous aurez besoin pour un traitement d'une semaine de 10 à 15 noyaux d'avocats en fonction de la grosseur du noyaux d'avocat et 1/2 verre de concentrer de poudre de moringa.

PRÉPARATION

Apres avoir rapper vos noyaux d'avocats vous associer 3 litres d'eau vous laissez reposer toute la nuit environ 24h au moins le lendemain vous filtrer et vous ajouter votre verre de poudre de moringa au jus obtenu vous melanger pour obtenir un melange homogene vous conservez a temperature ambiante pendant 48h ou au frais pendant 1 semaine.

POSOLOGİE

1 verre le matin a jeun et un verre le soir au coucher jusqu'a obtention des resultats souhaités car la rapidité d'obtention des resultats vont d'une personne a une autre en fonction de votre habitude alimentaire si vous mangé des aliments saine et equilibré si vous etes sportif et bien d autres encore.

En plus vous pouvez si vous le souhaiter consommer le moringa de cette façon: soupoudrez legerement sur vos aliments servir et prette a etre consommer

7.1.3.1 LE MORINGA
LE MORINGA, UN ARBRE ALIMENTAIRE ET MEDICINAL

Le Moringa est un arbre tropical originaire d'Afrique et d'Inde.

Il se trouve souvent à proximité des habitations, en Asie et en Afrique, car il fournit de nombreux services. Le moringa est avant tout une plante médicinale. Toutes les parties de l'arbre, des racines aux fleurs, sont utilisées en médecine ayurvédique et par beaucoup d'autres médecines traditionnelles.

Le moringa est aussi un arbre alimentaire. Les fruits et ses feuilles sont couramment utilisés dans lesrecettes locales. En Inde, ce sont les fruits qui sont les plus appréciés: ces grandes gousses vertes sont consommées dans les curries. Le moringa est cultivé par la plupart des petits fermiers du sud de l'Inde et du Sri Lanka. En Afrique, à

Madagascar et à l'Ile de la Réunion, ce sont.

Bien qu'encore peu connu du grand public, le Moringa est

pourtant reconnu depuis des années par l'Organisation Mondiale de la santé (OMS) pour ses puissants bienfaits. De nombreuses études scientifiques ont aussi largement démontré les vertus du Moringa et ce depuis des décennies. Parmi les très nombreuses utilisations du Moringa, voici celles dont vous pouvez profiter très simplement: **Vertus aphrodisiaques du Moringa**

Depuis longtemps, dans la médecine Indienne, le Moringa est utilisé pour lutter contre les troubles sexuels. Il permet d'obtenir une meilleure endurance sexuelle et d'augmenter la libido. Pour l'homme, c'est aussi un stimulant qui permet de lutter contre les problèmes d'érection.

Il est d'usage d'utiliser les propriétés de certaines plantes pour augmenter la grandeur et la fertilité chez les hommes, ou pour augmenter le désir sexuel. Le moringa n'échappe pas à la règle, tant ses valeurs nutritives sont intéressantes.

De nos jour, la stérilité est un problème lié à de nombreux facteurs, et parmi ces derniers on retrouve la baisse de qualité du sperme. Les différents polluants auxquels nous sommes confrontés, les toxines, et les carences en vitamine sont des facteurs de cette baisse de qualité, auquel le Moringa peut remédier.

Une étude de l'académie des sciences a montré une corrélation entre la consommation de Moringa et l'amélioration des fonctions sexuelles chez le rat albinos mâle.
Comment un arbre peut-il promettre autant de vertus?

Si un seul arbre peut apporter autant de bienfaits, c'est grâce à sa teneur très élevée en nutriments ultra-bénéfiques pour l'organisme. En effet, le Moringa contient plus de 92 éléments nutritifs!

- 46 antioxydants qui luttent contre les radicaux libres et préviennent ainsi de ladégénération des cellules entrainant des maladies comme le cancer. • 36 anti-inflammatoires naturels qui améliorent la santé des articulations et soulagent des douleurs chroniques ou aiguës.
- 18 acides aminés dont les 9 essentiels.

- Vitamine A, vitamine B, vitamine B1, vitamine B2, vitamine B3, vitamine C, vitamine E.

Les maladies ou dysfonctionnements proviennent de besoins nutritifs spécifiques, parfois difficile à identifier. Consommer du Moringa régulièrement permet de combler les carences et d'apporter à votre corps tous les éléments nécessaires pour préserver une santé de fer.

Pourquoi vous devriez absolument connaître le Moringa?

Diminuer les risques de cancer et de diabète, apporter au corps toutes les vitamines et nutriments nécessaires, telle est la promesse du Moringa, communément appelé
«Arbre Miracle» tant ses propriétés sont incroyables.

Le Moringa Oleifera est utilisé depuis des millénaires, notamment en Afrique et en Asie, pour guérir de nombreuses maladies (plus de 300). Il connaît enfin un engouement majeur ces dernières années dans nos pays occidentaux. Il est utilisé dans la pharmacopée et la tradition africaine et Indienne, et notamment la médecine ayurvédique.

Si vous êtes déjà familier du maca, de la spiruline, des baies de goji, qui ont elles aussi certaines propriétés médicinales intéressantes pour votre santé, alors vous devez vous intéresser au Moringa, qui est le plus intéressant des superaliments grâce à sa forte teneur en compléments nutritionnels.

La raison pour cet engouement est simple: c'est l'un des meilleurs aliments pour rester en bonne santé, être en forme et éviter les risques de maladie. Il se consomme très facilement, par exemple sous forme de gélules ou en thé.

Le centre national de l'information biotechnologique a publié des études qui montrent l'efficacité du Moringa contre le développement du cancer.

Il est en effet l'un des aliments les plus riches en antioxydan, devant le thé vert, le matcha et même le curcuma, réputés pour leur valeur antioxydante. Le Moringa
agit ainsi contre les radicaux libres et protège les différentes cellules de votre corps.

Ainsi, le Moringa Oleifera est incontestablement l'allié idéal de toute personne soucieuse de sa santé en general et de virilité en particulier, et nous ne pouvons que vous conseiller de l'adopter.

Si le Moringa est aussi bénéfique pour votre corps, c'est parce qu'il possède une quantité incroyable de vitamines, nutriments, et autres éléments indispensables au bon fonctionnement du corps, comme le calcium, le potassium, ou les acides aminés.

Pour mieux vous en rendre compte, l'image ci-contre vous montre la comparaison des valeurs nutritionnelles du Moringa Oleifera avec des aliments plus communs.

Le moringa contiendrais

- fois plus de fer que le blé
- 30 fois plus de vitamine B2 que les amandes
- 7fois de vitamine C que les oranges
- 2fois plus de proteine que les oeufs
- 4fois plus de vitamine A que les carotes
- 3fois plus de potassium que les bananes
- 5fois plus e fer que les epinards
- 4 fois plus de calcium que le lait

Voici quelques conseils à suivre, si vous souhaitez consommer du Moringa S'assurer que les produits ne sont pas mélangés à d'autres produits et qu'ils contiennent bien du Moringa à 100%.

Le Moringa doit être contenu dans un emballage spécial afin de conserver toutes ses vertus. Un emballage non étanche à l'air ou à la lumière a un impact direct sur la conservation des vitamines de votre Moringa.

Lorsqu'il s'agit des feuilles, vous devez vous renseigner sur la méthode de séchage utilisée. Des études on en effet montré que les méthode de séchage du moringa avaient un impact direct sur les valeurs nutritives des feuilles. Une vérification s'impose donc, pour tirer le meilleur bénéfice possible de votre arbre de vie.

Bienfaits et vertus du Moringa: les détails.

Depuis plusieurs milliers d'années, le Moringa Oleifera est un élément essentiel en médecine traditionnelle africaine et Indienne.

Le Moringa pousse facilement et rapidement dans les zones sèches et arides, ce qui permet de nourrir les populations souffrantes de malnutrition.

Anti inflammatoire, anti cancer et anti diabète, il est en vogue depuis plusieurs années en occident, où sa teneur en éléments vitaux tels que les acides aminés, vitamines, antioxydants, sont désormais reconnus.

Le Moringa est utilisé pour soigner 300 maladies

Exemple de maladies soignées ou prévenues grâce au Moringa

(d'après The wealth of India).

Feuilles: Diabète, cancer, goûte, plaies, maux de tête, fièvre, mal de gorge, bronchite, infection des yeux et des oreilles, etc.

Fleur: Aphrodisiaque, anti-inflammatoire, hystérie, tumeurs, cholestérol, élargissement de la rate, etc.

Graines: Diminue la peroxydation des lipides, antihypertenseur, etc.

Racines: Anti inflammatoire, laxatif, stimulant cardiaque et circulatoire, anti rhumatismes, atténue les douleurs articulaires, les douleurs rénales et du dos, etc. Ecorce de la tige Maladies des yeux, traitement des patients atteints de délires, contre l'élargissement de la rate, anti tumeurs et anti ulcères, soins des oreilles, douleurs dentaires, etc.

Un antioxydant puissant et des vertus anti-cancéreuses

Les radicaux libres sont responsable de l'endommagement et de la destruction des cellules de notre corps, au fur et à mesure que nous vieillissons. Maladies cardio-vasculaires, baisse du système immunitaire de l'énergie, les conséquences sont nombreuses.

Les antioxydants tiennent un rôle important pour se protéger du stress oxydatif et améliorer les défenses naturelles. Les radicaux libres apparaissent lorsqu'il y a une combustion d'oxygène à l'intérieur d'une cellule. Physiquement parlant, c'est un atome avec un électron libre qui est à la recherche d'autres électrons. Cumulés, il y a ainsi de nombreux atomes à la recherche d'électrons: c'est ce qu'on appelle l'oxydation. C'est à ce moment là que les antioxydants, comme ceux présents dans le Moringa, interviennent: ils donnent un électron au radical libre.

Bien sûr, le corps créé ses propres anti-oxydants. Cependant, la pollution, les pesticides, la cigarette, et les nombreux autres produits nocifs de notre quotidien augmentent le nombre de radicaux libres, laissant le corps dans une situation de faiblesse et bienvenue les feblesse sexuelle, ejaculation précose, retrécissement de votre pénis et bien d'autre encore.

Le Moringa dépasse la grande majorité des aliments par ses capacités antioxydantes. L'ail, ou le vin rouge, connaissent aussi un pouvoir antioxydant intéressant, mais moindre que le Moringa.

Les antioxydants permettent d'éviter l'usage des cellules du corps, accéléré par le processus d'oxydation.

Le moringa est aussi efficace contre la prolifération des cellules cancéreuses. Des études ont montré les effets anti cancer que pouvaient avoir les feuilles de l'arbre de vie, et notamment sur le cancer du sein.

En effet, lorsque des cellules sont altérées par le processus d'oxydation, des tumeurs peuvent apparaître, et s'étendre aux cellules voisines en proliférant rapidement.

Les antioxydants aident à maintenir les cellules en bonne santé en luttant contre les radicaux libres, et la zéatine, contenue dans le Moringa, permet d'accélérer la régénération des cellules.

L' efficacité du Moringa contre le diabète

Une étude réalisée sur des rats albinos indique que l'extrait des feuilles de Moringa
Oleifera peut constituer un potentiel traitement antidiabétique.

Les chercheurs ont ainsi nourri les rats souffrant de diabète d'extrait de feuilles tout en surveillant leur niveau de glycémie de glutathion, et d'autres informations pertinentes concernant la maladie. A la fin de l'étude, les rats nourris au Moringa ont vu leur niveau de glycémie s'abaisser considérablement avec un niveau de sucre dans le sang divisé par deux et demi.

Le niveau de glutathion a aussi augmenté de 20 à plus de 70

% chez les rats nourris au Moringa: c'est un puissant antioxydant qui prévient des problèmes cardiaques ou respiratoires, auxquels les diabétiques peuvent être confrontés.

Pression artérielle et hypertension artérielle

L'arbre de vie aide à réguler la tension artérielle, notamment

grâce à la teneur en acide oléique des graines.

Lutter contre le vieillissement des cellules et beauté de la peau

La zéatine est une hormone végétale, qui se retrouve généralement dans les racines du moringa. Elle est de la famille des cytokinines, qui participent aux renouvellement cellulaire et ralentissent le vieillissement.

La cytokinine divise les cellules avant qu'elles ne deviennent

trop volumineuses. Ainsi, quand elles se divisent plus rapidement que les plus vieilles ne meurent (environ 30 000 par minute), la peau devient moins ridée, plus douce, et revitalisée.

Des chercheurs Pakistanais ont mis en évidence que l'extrait de Moringa était capable de revitaliser la peau et de réduire les signes de vieillesse.

Des sujets, agés entre 20 et 35 ans, ont appliqué de la crème à base de moringa sur leur visage deux fois par jour pendant 3 mois. Des résultats significatifs sont
apparus au bout de deux mois, avec une réduction des micro-rides.

Pour la femme allaitante

Des études réalisées sur l'allaitement maternel, ont montré que les femmes qui consommaient des feuilles de Moringa produisait deux fois plus de lait que celles qui n'en consommaient pas. Le lait maternel étant essentiel à la croissance du nourrisson, la consommation du Moringa chez les femmes allaitantes est ainsi bénéfique pour l'enfant.

Lorsqu'une femme est enceinte, elle a plus que jamais besoin de nourriture saine, pour son corps et pour celui de son enfant. Les besoins en protéines, en fer, en calcium, sont ainsi décuplés. Au Sénégal, le Moringa est utilisé pour lutter contre la malnutrition, à la fois par le biais des femmes allaitantes comme chez les enfants.

Avant la grossesse, le corps et le système immunitaire doivent déjà être préparés.

De cette préparation découlera la santé du futur nouveau né. Le Moringa, qui contient de nombreux minéraux et vitamines, peut ainsi être recommandé pendant cette période.

Le fer, nécessaire pour la croissance du fœtus et la création du placenta, est aussi présent dans les feuilles du Moringa.

Les feuilles de moringa sont la partie de l'arbre à la plus grande valeur nutritive. Elles sont une source très importante de vitamine A, vitamine D, vitamine C, vitamine K de protéines, de manganèse, de calcium, de potassium et de nutriments essentiels.

Elle peuvent être cuisinées de la même manière que les épinards, mais elles sont aussi souvent séchées et réduites en poudre afin d'être intégrées à des plats, des sauces, ou bien pour fabriquer des gélules à avaler.

Les graines de Moringa

Les graines de Moringa contiennent beaucoup de vitamine C, de vitamine D et de minéraux. Elles peuvent être mangées une fois pelées ou bien être grillées. Le résidu des graines de Moringa, après extraction de l'huile peut-être utilisé pour filtrer l'eau pour la consommation humaine et animale, car il contient des protéines qui absorbent et neutralisent les impuretés de l'eau.

Les racines du Moringa

Les racines de Moringa, une fois broyées, peuvent être utilisées comme condiment bénéficiant d'une haute teneur en polyphénols. Elles sont utilisées, notamment au Sénégal, contre la fièvre, les rhumatismes et autres douleurs articulaires.

Lorsque vous achetez de la poudre de Moringa, il est essentiel de vérifier qu'elle soit disposé dans un emballage de qualité, c'est à dire étanche à l'air mais aussi à la lumière. Cela permet de préserver les vitamines.

Il est recommandé de consommer la poudre dans les 6 premiers mois, car audelà, les teneurs nutritives (minéraux par exemple) peuvent se dégrader.

En Smoothie

Les smoothie, fidèles compagnons des végétaliens, sont la aussi un bon moyen de consommer du Moringa. Mixez les fruits et légumes de votre choix et ajoutez 2 cuillères café de poudre: Vous allierez ainsi super aliments et plaisir, parfait une pour cure de détox.

Les pièges à éviter
Le Moringa connaît-il des contre indications?

La femme enceinte ne doit pas consommer de graines. Mise à part cette situation, a ce jour, aucune contre-indication ou effet secondaire n'est établit quand à la consommation de Moringa.

7.1.3.2 LE NOYAUX DAVOCAT

Beaucoups de gens ignorent que le noyau d'avocat contient également des propriétés incroyables pour notre santé et notre beauté.

L'avocat est un aliment très populaire dans le monde entier, grâce à sa saveur délicieuse et à sa forte valeur nutritionnelle. Sa chair verte est pleine d'acides gras essentiels, d'antioxydants, de protéines et d'autres substances qui, une fois ingérées, sont bénéfiques pour notre santé.

Même si la saveur du noyau n'est pas aussi exceptionnelle que celle du fruit, il peut être employé de bien des manières pour apporter tout un tas de bienfaits à notre corps.

Cela peut vous paraître surprenant. Mais c'est une source de fibres et d'acides aminés essentiels qui permettent de prévenir et de combattre de nombreuses maladies.

Voir également: La dépression peut causer des problèmes cardiovasculaires

12 bienfaits du noyau d'avocat pour la santé et la beauté

1. Améliore notre santé cardiovasculaire

On estime que 70% des acides aminés contenus dans un avocat se trouvent dans son noyau.

Les huiles essentielles issues du noyau servent à contrôler le taux de cholestérol, la pression artérielle. Ainsi que d'autres affections cardiovasculaires qui augmentent le risque de souffrir de crises cardiaques.

2. Combat les infections stomacales

Les fibres contenues dans le noyau d'avocat permettent de stimuler le mouvement intestinal. Cela permet d'éviter les digestions lentes, de manière à faciliter l'expulsion des déchets.

Grâce à ses propriétés anti-inflammatoires, on peut l'utiliser pour lutter contre la diarrhée et les symptômes gastro-intestinaux qui dérivent des infections bactériennes et virales.

Ses composés phénoliques protègent le revêtement de l'estomac pour éviter la formation d'ulcères.

3.   Anti-cancérigène
Anticancerigene

Les flavonols contenus dans le noyau favorisent une diminution du risque de développement des cellules cancérigènes et des tumeurs.

4. Prévient le stress oxydant

La forte teneur en antioxydants de ce noyau permet de réparer les tissus et de soigner les cellules touchées par le stress oxydant.

Ses huiles essentielles et ses extraits son souvent utilisés comme composés actifs pour des produits conçus pour lutter contre le vieillissement de la peau et des cheveux.

En l'incluant dans votre régime alimentaire, vous allez diminuer les risques de souffrir de pathologies chroniques liées au vieillissement.

5. Fortifie le système immunitaire

Les composés phénoliques du noyau d'avocat servent dans les traitements contre les infections virales et les allergies.

Leur action sur l'organisme permet d'augmenter la production d'anticorps. Cela fortifie le système immunitaire afin d'éviter que certaines maladies ne pénètrent dans le corps.

6.   Combat les douleurs et les inflammations

Les bienfaits du noyau d'avocat permettent de diminuer les douleurs et les tensions chez des patients touchés par des troubles comme l'arthrite, la gastrite et la colite.

Ses acides gras améliorent le flux sanguin et favorisent l'élimination des déchets pour diminuer les inflammations des tissus.

7.   Prévient les rides

C'est l'un des aspects cosmétiques les plus intéressants de ce produit. Il est capable de prévenir les rides et les autres signes de l'âge.

Ses flavonols et ses antioxydants permettent de réduire les dommages causés par les radicaux libres. Et également d'augmenter la production de collagène, pour obtenir une peau plus jeune et plus ferme.

8. Améliore la santé capillaire

Les personnes qui souffrent de problèmes capillaires comme la sécheresse, les pellicules et les pointes fourchues peuvent utiliser le noyau d'avocat pour y remédier.

Les bonnes graisses qu'il contient permettent d'hydrater les cheveux en profondeur. Elles évitent aussi les altérations néfastes du cuir chevelu. Celles-ci empêchent le développement des champignons et autres mycoses.

9.   Régule la thyroïdeil-regule-la-thyroide

Les nutriments contenus dans le noyau d'avocat sont également idéaux pour les personnes qui souffrent de problèmes liés à la glande thyroïde, comme l'hypothyroïdie par exemple.

Ils vont vous permettre d'augmenter la production d'hormone thyroïde. Et ainsi stimuler votre métabolisme, pour prévenir l'obésité.

10.   Donne de l'énergie

Les nutriments de cet aliment peuvent entraîner une nette augmentation de l'énergie physique et mentale.

En l'incluant dans votre alimentation, vous allez pouvoir augmenter votre rendement physique et mental. Et vous serez davantage productif dans votre journée.

8   il est parfait pour votre libido car la consommation repetitive du jus du noyau d avocat renforce votre virilite dans tous les sens du terme.

9   Le noyaux d'avocat soigne les hemorroides et l'indigestion alimentaire

Nous vous recommandons également: pour récupérer de l'énergie et un bon moral

Comment profiter des bienfaits du noyau d'avocat?

Ne jetez plus le noyau de votre avocat à la poubelle. Râpez-le pour obtenir une sorte de poudre.

Vous pouvez alors ajouter cet ingrédient à vos soupes, à vos smoothies, à vos salades et à toutes les recettes que vous avez l'habitude de préparer.

Si vous souhaitez l'utiliser à des fins cosmétiques, vous pouvez l'incorporer dans vos masques à base de yaourt, d'œuf ou d'huiles essentielles, entre autres. Commencez dès aujourd'hui à profiter des bienfaits du noyau d'avocat et de toutes ses vertus naturelles!

7.1.4 Quatriement: (facultatif)

L'akpi, le poivre noir, le poivre blanc, les rondelles

La consomation des soupes chaude(bouillons) fait a base des graine d'akpi (le djansan) plus poivre noir, quatre cotés, rondelle et poivre blanc pour en savoir plus avec demontration retrouver moi sur ma chaine youtube JARDIN DU BIEN ETRE:

https://www.youtube.com/channel/UC1KW8metdrvDT5Febf3i c6g

6 **PARTIE2**

SOIN EXTERNE

7 ## CHAPITRE 1

MASSAGE A L'HUILE

9.1.1 Cinquiemement traitement externe

Soyons très clairs: Agrandir le pénis au 100%naturel demande de l'effort et de la détermination. Quelque chose capable de vous apporter des résultats aussi positifs ne sera pas instantané et ne peut pas être sans effort.

En revanche, c'est un système qui est efficace, qui fonctionne et qui a un taux de success de plus de 93% pour les hommes.

Si vous recherchez une solution immédiate qui ne demande aucun effort, il faut savoir que cela n'existe pas. Vous pouvez essayer les différents produits mais vous reviendrez ici dans 3 mois avec un pénis tout à fait pareil.

L'agrandissement pénien c'est quelque chose qui fonctionne à condition qu'on applique les bonnes techniques et qu'on respecte les normes.

Cette methode d'agrandissement du penis est tres efficace et 100% naturel il est préfèrable de mieux connaitre votre sexe pour comprendre quel est son vrai potentiel.

Sachez que vous pouvez tout à fait augmenter sa taille naturellement et discrètement chez vous, rien qu'avec les soin interne que je viens de vous cité plus haut en parallele avec ceci.

Pour les soin externe vous aurez besoin premierement

- du boeur de cacao melanger avec la poudre du petit cola
- ou l'huile de neem melanger avec la poudre du petit cola.
- Ou encore l'huile d'akpi (le djansan) plus la poudre de petit cola

- Tenant compte du fait que ces trois huiles sont tres efficace, choisissez ce qui vous convient le mieux.

9.2 LE BOEUR DE CACAO

Les bienfaits du beurre de cacao que vous connaissez certainement.

Le beurre de cacao provient des fèves de cacao qui sont cultivées au Mexique en Afrique et au Venezuela. Tout comme le cacao, le beurre de cacao possède des vertus pour notre corps et en particulier pour notre épiderme. Et cest ce point qui nous interesse pour l'agrandissement du penis car en association avec la poudre de petit cola, les resultats sont tout simplement extraordinaire.

En effet, le beurre de cacao nourrit et protège notre peau. Il contient plusieurs vitamines telles que les vitamines A, B, C et E. Il est également très riche en fer, en magnésium et en calcium. De plus, il a des propriétés anti-oxydantes.

Le beurre de cacao hydrate en profondeur la peau et prévient son dessèchement. Il la rend aussi plus douce , plus elastique et plus tonique.

Ce n'est pas tout, il, améliore la circulation sanguine de la peau. lutte efficacement contre la cellulite. Voilà donc autant de bonnes raisons pour se laisser séduire par le beurre de caca!

Ce que vous ignorer certainement du boeur de cacao.

En association avec la poudre de petit cola le melange utiliser en massage vous permet d'agrandir considerablement votre penis.

9.3 L'HUILE DE NEEM

SES PROPRIÉTÉS

En Inde, le margousier, ou neem (Azadirachta indica), est un arbre sacré, qui donne une huile végétale aux bienfaits reconnus depuis des siècles. Ce sont les amandes extraites du noyau du fruit de cet arbre tropical qui sont pressées à froid pour produire l'huile. L'huile de neem a une odeur assez forte, ce qui fait que beaucoup de personnes préfèrent l'utiliser diluée dans d'autres huiles végétales. Utilisée en lotion, l'huile de neem calme les démangeaisons du cuir chevelu, lutte contre les pellicules et règle leur sort aux poux. Dans ce cas, mieux vaut l'appliquer en masque sur toute la chevelure et laisser poser quelques minutes avant de rincer. Les mamans risquent bien de l'apprécier!

CONSEILS D'UTILISATION

Son action antibactérienne et antifongique aide à lutter contre les infections de la peau de l'acné aux mycoses en passant par l'eczéma et le psoriasis. Nourrissante et émolliente, l'huile de neem calme les irritations et adoucit la peau. On peut l'utiliser seule ou en association avec d'autres produits naturels, comme par exemple l'argile sur les boutons d'acné. Appliquée en fine couche, elle est encore un excellent répulsif contre les insectes.

Comment choisir l'huile de neem?

Prenez toujours une huile pressée à froid, 100 % pure et biologique.

Où acheter de l'huile de neem?

Dans les magasins biologiques et sur Internet. Soit me contacter directement

Risques, précautions et contre-indications de l'huile de neem.

L'huile de neem ne doit jamais être chauffée à une

température supérieure à 60 °C, au risque de perdre ses actifs. Par ailleurs, son utilisation est exclusivement

externe.

L'huile de neem serait en effet un perturbateur endocrinien.

MODE DE CONSERVATION

Au sec, à l'abri de la lumière et de la chaleur. L'huile de neem

se solidifie à une température inférieure à 25 °C, mais cela ne

change en aucun cas ses propriétés

9.3.1 CE QUE VOUS İGNORER CERTAİNEMENT DE L'HUİLE DE NEEM

En association avec la poudre de petit cola le melange utiliser en massage vous permet d'agrandir considerablement votre penis tout comme l'huile d'akpi (le djansan) donc a vous de choisir le quel des trois vous convien le mieux.

9.4 L'HUILE D'AKPI (DJANSAN)

En plus d'utiliser l'huile d'akpi (le djansan) melanger a la poudre de petit cola en massage externe, Nous vous recommandons également La consomation des soupes chaude (bouillons)

Fait a base des graine d'akpi (le djansan) plus poivre noir, quatre cotés, rondelle et poivre blanc pour récupérer de l'énergie en general et de l'energie sexuel en particulier.

MODE D UTILISATION

L'application de quelques exercices et techniques simples à suivre. Ces exercices peu connus peuvent être pratiqués par n'importe quel homme en état de santé normal qui est capable d'utiliser ses mains.

L'objectif de ce massage péniens à l'huile au poudre de petit cola c'est de stimuler d'avantage le flux sanguin envers l'intérieur du pénis à travers les murs cellulaires, pour dilater et étendre le corps caverneux. En répetant ces mêmes exercices 4-5 fois par semaine, le pénis commence d'abord par devenir plus épais et ensuite plus long.

Par conséquent, les érections sont plus grandes et fortes, le corps du pénis est plus droit et plus volumineux et le sexe est plus attirant. Ceci est le cas si l'homme est en érection ou pas.

Le pénis c'est comme d'autres parties du corps: si on ne l'entraine pas et on ne
L'utilise pas, il perd sa force.

Ceux qui ont rarement des érections auront remarqué que le pénis commence à se contracter au bout de quelques semaines d'inactivité.

Pour ameliorer la qualité des resultats, c'est tres important d'etre actif sexuelement au moins 3 rapports sexuels par semaine.

En revanche, en entrainant le pénis régulièrement avec des séquences de massage avec I un de ces trois melanges cité plus haut, on peut faire augmenter la taille naturellement.

En effet, sans entrainer régulièrement le sexe, on ne pourra jamais réaliser son vrai potentiel. Il est certain que la plupart d'hommes n'arriveront jamais à réaliser leur potentiel.

Comment Renforcer Le Muscle Lisse

Le pénis consiste en 50%
de muscle lisse, ce qui est comparable aux muscles corporels (les bras, les cuisses) mais qui ressemble plus aux muscles des abdominaux. Le Journal Of Urology de l'université de Connecticut affirme que la forme du muscle lisse peut être

transformée selon la fréquence d'utilisation. L'effet des exercices péniens, lorsqu'ils sont faits correctement, c'est une augmentation en volume du tissu du muscle lisse et par conséquent, une augmentation de la taille du sexe.

En effet, le muscle lisse peut se transformer en plus large et plus longue et peut renforcer le sexe, produisant des érections plus grandes et une taille plus impressionante.

Pourquoi Le Muscle Lisse Est Tellement Important?

Tous nos muscles contiennent de l'actine et de la myosine, qui sont essentiels à la croissance des muscles. Avec l'adenosine triphosphate, qui transporte l'énergie à travers les celules, le renforcement et la croissance des muscles est possible, y compris ceux du pénis.

Comme on peut lire dans le Journal Of Urology «le fonctionnement du muscle lisse est nécessaire pour avoir et pour maintenir son érection».

Une érection ne pourra pas avoir lieu si le muscle lisse ne se détend pas. Le muscle lisse est plus qu'important pour les érections. En effet, l'érection est aussi la clé à l'agrandissement pénien.

Le but des soins interne çité plus haut en plus du massage a l'huile pour faire augmenter la taille du sexe c'est de mettre les arteres et les corps caverneux en condition de dilatation régulière et en même temps de développer le muscle lisse pour une érection plus grande, forte et durable.

L'agrandissement Du Sexe Est Permanent?

Certains se demandent si le pénis peut se contracter si on arrête le traitement,
tout comme les muscles corporels peuvent perdre de la masse.

Heureusement ce n'est pas le cas avec le pénis.

On constate meme après avoir arrêté les soin d'argrandissement du sexe, les gains de tailles sont toujours evidentes.

Quand on sait durer longtemps au lit, les filles sentent notre confiance et trouvent cela attirant. On donne l'image d'un homme très confiant qui assure au lit, et ça se sait.

Bien sûr, il faudra travailler un peu pour arriver à vos objectifs. Mais croyezmoi, ça en vaut la peine quand vous vous rendez compte des résultats.

A partir du moment où vous avez commencer.

8 CHAPITRE 2 LE SPORT ET LA VIRILITE

10.1.1 Sixiemement: du sport pour pour tout sceller

10.2 LE SPORT JOUE UN RÔLE IMPORTANT SUR VOS HORMONES

En France, 44% des hommes et 53% des femmes sont confrontés à un manque de désir sexuel, selon un sondage IFOP réalisé en 2010. Les causes peuvent être multiples mais les solutions aussi, et justement il y en a une, extrêmement efficace dont peu de gens parlent: le sport! Mais attention pas n'importe quel sport... Lorsque vous faites du sport, vous augmentez votre température corporelle, ce qui en soit a une influence positive sur le désir sexuel. De plus, le corps s'adapte et stimule la production de certaines hormones favorable a votre virilite.

10.3 LA MUSCULATION POUR BOOSTER LA TESTOSTÉRONE

Une séance de musculation a des effets bénéfiques parce qu'elle va augmenter la production d'hormones de croissance et de téstostérone. Ces deux hormones ont pour effet (chez les deux sexes) d'augmenter le désir sexuel et d'améliorer les fonctions sexuelles. Voilà donc encore une bonne raison (s'il vous en manquait toujours) d'inclure des séances de musculation dans tout programme sportif.

LE CARDIO POUR GÉRER LE STRESS ET ÊTRE PLUS HEUREUX!

Au bout de 30 minutes de cardio (footing, natation, vélo, cours collectif...) notre organisme va secréter les hormones du plaisir (les endorphines essentiellement).

Ces endorphines améliorent la libido, mais pas seulement! Elles vont aussi vous aider à lutter contre le stress, qui est selon les études la première cause d'une baisse de l'activité sexuelle*.

L'idéal est donc d'avoir un programme combinant musculation et cardio.

10.4 BIEN CONNAÎTRE SON CORPS C'EST SE SENTIR MIEUX!

Que l'on soit un homme, une femme, petit ou grand, le sport a les mêmes effets: on apprend à connaître son corps, se sentir mieux, et à mieux s'assumer. Quand on se sent bien, qu'on est fièr(e) de soi après une bonne séance, ça se voit à l'extérieur! La confiance en soi est une chose importante dans le jeu de la séduction et le rôle psychologique du sport sur ce sujet n'est plus à démontrer. On se sent plus fort après s'être prouvé qu'on était capable de se donner à fond Ceux qui pratiquent connaissent bien cette sensation, lorsqu'ils sortent de la salle de sport...

10.5 GÉRER SON TEMPS... C'EST IMPORTANT!

Il n'est pas question non plus de faire du sport de manière intensive très fréquemment. Il faut savoir faire la part des choses, pratiquer une activité physique à trop haute dose peut devenir éprouvant et faire chuter indéniablement votre libido. Les efforts cardio trop longs et trop fréquents peuvent également détériorer les sécrétions d'hormones sexuelles.

Faites donc des sorties 2 ou 3 fois par semaine maximum, et pas plus d'une heure de footing, à moins d'être un compétiteur et d'avoir des objectifs de fond.

Il est donc également très important de se ménager des jours de récupération, de détente, d'apprendre à lâcher prise. C'est capital sur le plan physique, sur le plan psychologique et pour votre virilité.

Les sportifs (et les sportives!) sont source de nombreux fantasmes, et les publicitaires l'ont bien compris, eux qui placardent leurs corps quasi nus à l'arrière des bus ou en 4x3. Mais en dehors de son action sur le corps en lui-même et du pur aspect esthétique, le sport influe également fortement sur la production de nos hormones, et notamment sur nos puissantes hormones sexuelles!

10.6 Comment une activité cardio augmente votre libido?

La libido dépend de plusieurs facteurs et le sport a son mot à

dire sur certains d'entre eux. On sait ainsi qu'une température corporelle un peu élevée (37,5 degrés, soit légèrement au-dessus de la normale) augmente le désir. Or, l'activité physique contribue à augmenter cette température corporelle!

Si le sport en fin de journée perturbe un endormissement qui

requiert au contraire une diminution de la température (pensez à la douche froide), il revêt donc un intérêt tout particulier pour qui a d'autres idées en tête que de simplement trouver le sommeil rapidement...

10.7 Le saviez-vous? La musculation booste votre virilité

Autre conséquence d'une activité physique, et plus

particulièrement si elle est typée cardio elle entraîne la production d'endorphines, les fameuses hormones du bien-être, celles qui permettent de lutter contre le stress et les préoccupations, deux des principaux ennemis de la libido. On a tout de même d'autant plus envie que l'on est disponible et bien dans sa tête.

Un peu de musculation par-dessus pour booster la testostérone, hormone sexuelle par excellence et dont le taux influe fortement sur la libido, et vous obtenez le cocktail idéal pour être dans les meilleures dispositions: serein et excité!

10.8 Faites du sport pour oublier vos complexes

Pour en revenir à un point de vue plus «physique», il faut avoir l'honnêteté de reconnaître que l'excitation, au moins initiale, de manière instinctive et quasi animale, dépend tout de même grandement du désir qu'un physique suscite en nous. Et il est évident que la pratique régulière d'un sport contribue grandement à rendre plus ferme et plus tonique un corps que l'on dévoile plus volontiers en l'absence de complexes parfois rédhibitoires.

L'activité physique entraîne également une meilleure connaissance et une meilleure maîtrise de son propre corps, de son schéma corporel, ce qui peut être utile...

Si quelques heures par semaine permettent effectivement d'augmenter la libido, trop de sport peut la tuer: le surentrainement provoque une chute des taux des hormones sexuelles et, à l'inverse, une hausse du taux d'un cortisol qui n'est autre que l'hormone du stress.

Accordez-vous du temps...

Enfin, il est toujours bon de rappeler qu'une journée ne fait que 24h, et y caser des heures de sport à gogo en plus du temps consacré au boulot ne laisse que peu de temps pour les autres activités et pour ses proches.

On compte d'ailleurs de nombreux cas de divorces dans des couples où l'un des deux s'est soudainement pris de passion pour un sport chronophage (le triathlon par exemple) au point de ne plus accorder suffisamment de temps à celui ou celle qui partage son quotidien.

9 CONCLUSION

En conclusion, comme il a été le cas chez 93% d'homme jusqu'a present, vous avez desormais la combinaison clé pour

- Une érection naturellement plus longue et plus épaisse
- Une augmentation naturelle considérable de votre penis

- Des rapports sexuels plus fréquents, durables et jouissifs
- Plus de confiance personnelle dans tous les domaines
- Une santé de fer dans l'ensemble
- Une virilité extreme garanti et dans de tres bref delai

Tenant compte du fait que la rapidité des resultats vont d'une personne a une autre, il est imperatif de suivre votre traitement jusqu'a obtention des resultats souhaitée car votre habitude alimentaire influence considerarablement dans l'obtention des résultats.

Vous avez six elements

- **Premierement:** vous avez La cure d'argile pour 21jours et apres les 21jours si vous le souhaitez une semaine de pause et une semaine de prise pendant environ 3 mois

- **Deuxiemement:** le concentrer de gingembre +concentrer de citron+miel d'abeille
100% naturel un verre le matin et un verre le soir

- **Troixiement:** le coktail du jus du noyaux d'avocat +concentrer de poudre (ou du jus) de moringa un verre matin et un verre le soir.

- **Quatriemement:** le massage a l'huile vous choisissez l'une parmis les 3 huiles cité plus haut vous associer de la poudre de petit cola masser votre penis le soir au coucher pour demontration suivez sur ma chaine youtube jardin du bien etre.

- **Cinquiement:** vous consommez au moins deux fois par semaine des bouillons faites en majorité de poudre d'akpi (le djansan).

- **Sixiemement:** le sport minimum trois fois par semaine si vous navez pas la possibilité de pratiquer les autre sports citer plus haut faire environ 30 minute de marche par jour vous m'en donerez des nouvelles. La remise en forme et un bon régime alimentaire est tres capital pour une bonne santé sexuelle.

A la meme occasion il est important de reduire considerablement voir suprimer totalement votre consommation d'huile rafiné (l'huile peut provoquer l'impuissance sexuelle) , de café, de thé, d'alcool, de boisson gazeuse , de sucre raffiné et privilegier les aliments saines et equilibrer boire au moins 1.5litre d'eau par jours. pendant au moins 3 à 6 mois vous serrez en mesure de constater des resultats extraordinaires par vous meme .

Si vous posez la question a savoir laquelle vous allez

consommer en avance ne vous inquietez pas, puisque tout les

ingredients sont 100% naturel vous pouvez si vous le

souhaitez les consommer ensemble ou espacer chaque boisson

de 5 à 10 minutes les unes des autres.

15922228R00074

Printed in Great Britain
by Amazon